Vozes do Grande Além

FRANCISCO CÂNDIDO XAVIER

Vozes do Grande Além

Recebidas de vários Espíritos, no Grupo Meimei,
e organizadas por Arnaldo Rocha

Em saudação ao primeiro centenário
DA CODIFICAÇÃO DO ESPIRITISMO

Homenagem do Grupo Meimei

FEB

6ª edição – Impressão pequenas tiragens – 11/2024

ISBN 978-85-7328-823-0

FEDERAÇÃO ESPÍRITA BRASILEIRA – FEB
SGAN 603 – Conjunto F – Avenida L2 Norte
70830-106 – Brasília (DF) – Brasil
www.febeditora.com.br
editorial@febnet.org.br
+55 61 2101 6161

Pedidos de livros à FEB
Comercial
Tel.: (61) 2101 6161 – comercial@febnet.org.br

Adquirindo esta obra, você está colaborando com as ações de assistência e promoção social da FEB e com o Movimento Espírita na divulgação do Evangelho de Jesus à luz do Espiritismo.

Dados Internacionais de Catalogação na Publicação (CIP)
(Federação Espírita Brasileira — Biblioteca de Obras Raras)

X3v Xavier, Francisco Cândido, 1910–2002

Vozes do grande Além: mensagens psicofônicas de vários Espíritos, recebidas no Grupo "Meimei" / Espíritos diversos; [psicografado por] Francisco Cândido Xavier; organizado por: Arnaldo Rocha. – 6. ed. – Impressão pequenas tiragens – Brasília: FEB, 2024.

324 p.; 23 cm

ISBN 978-85-7328-823-0

Inclui adenda e nótulas do organizador

1. Espiritismo. 2. Obras psicografadas. I. Rocha, Arnaldo (Org.), 1922–2012 . II. Federação Espírita Brasileira. III. Título.

CDD 133.93
CDU 133.7
CDE 80.03.00

Sumário

Nota informativa

Quando entregamos à Federação Espírita Brasileira, em 1955, o primeiro livro de mensagens psicofônicas obtidas em nosso grupo, não esperávamos a satisfação de recolher nova cópia de material para a constituição de um livro semelhante.

Dignaram-se, porém, nossos instrutores espirituais trazer-nos novos avisos, advertências e instruções e, com esses recursos, formamos o presente volume que ofertamos ao estudo e à reflexão dos nossos companheiros de ideal e de fé, na certeza de que assimilarão o ensinamento e receberão o consolo com que fomos, por nossa vez, agraciados.

Após haver explicado, em documento anterior,[1] *o funcionamento e as finalidades do nosso templo de fraternidade e oração, em cujas atividades foi, ainda, o médium Francisco Cândido Xavier o instrumento das mensagens que apresentamos, mensagens essas que foram sempre por ele transmitidas depois das tarefas que lhe cabem nos serviços de desobsessão, ao lado dos outros médiuns de nossa casa, dispensamo-nos de mais amplos esclarecimentos, para somente agradecer aos benfeitores do Alto a generosa proteção que invariavelmente nos dispensaram, rogando a Nosso Senhor Jesus nos conserve a felicidade de continuar trabalhando e aprendendo, em nosso núcleo de ação, com o amparo de sua Infinita Bondade e com o socorro de sua bênção.*

Arnaldo Rocha

Pedro Leopoldo (MG), 30 de maio de 1957.

[1] Nota do organizador: *Instruções psicofônicas*, FEB, 1956.

Ante o Divino Ressuscitado

"Chegada pois a tarde daquele dia, o primeiro da semana, e cerradas as portas onde os discípulos, com medo dos judeus, se haviam ajuntado, chegou Jesus e pôs-se no meio, exclamando:
— Paz seja convosco."

— *João*, 20:19.

Senhor, o primeiro culto cristão, depois de tua passagem pelo túmulo, foi uma reunião de teus discípulos, junto aos quais ressurgiste do Grande Além, instalando com a tua autoridade sublime o intercâmbio entre os vivos da Terra e os vivos do Plano Espiritual.

Mestre Redivivo, trazias aos seguidores mergulhados na sombra a radiosa claridade que fulge além dos portais de cinza...

Falaste depois da morte, e a fé levantou-se nos corações, restaurando a esperança e a alegria.

Falaste depois da morte, e o amor que trouxeste ao chão do mundo refloriu em bênçãos de fraternidade, frutificando em obras de compaixão e justiça, entendimento e solidariedade, refazendo o sentido da civilização, por desfazer milenárias algemas de viciação e de ignorância, em favor da libertação moral dos povos da Terra...

Aqui também, nestas páginas, falamos nós, alguns amigos, de retorno à convivência dos companheiros ainda na experiência humana, tentando algo dizer-lhes do teu Evangelho de Redenção.

Digna-te, Senhor, abençoar-nos o esforço humilde! Converte-nos a palavra em alimento de otimismo e consolo, amizade e compreensão no serviço do bem, e que todos nós, os pequenos aprendizes da tua lição divina, encarnados ou libertos do campo físico, novamente reunidos na letra de renovação e progresso que nos compete lavrar, possamos ouvir-te a celeste mensagem de confiança e encorajamento: "Paz seja convosco".

Emmanuel

Pedro Leopoldo(MG), 29 de maio de 1957.

1
Mensagem de alerta

Reunião de 16 de junho de 1955.

Com instruções dos benfeitores espirituais para a organização de um novo livro de anotações e ensinamentos, o Grupo Meimei, ao término dos serviços da noite, começou a recolher, como de hábito, por intermédio da mediunidade do companheiro Francisco Cândido Xavier, o material destinado a esse fim, com a visita do respeitável instrutor Antônio Luiz Sayão, inolvidável pioneiro do Espiritismo no Brasil, que pronunciou a comovente mensagem que se segue, alusiva às nossas necessidades de vigilância.

Irmãos:

Permaneçamos na paz de Nosso Senhor Jesus.

O acicate das provações necessárias fere o mundo.

O avanço da inteligência moderna mais se assemelha a rude sarcasmo, tributando a Civilização com vexames e calamidades de toda espécie.

O homem, efetivamente, multiplicou os poderes da máquina que lhe soluciona variados problemas da luta material, mas sofre o escárnio desse avanço, visto que o imenso progresso industrial, que lhe assinala a experiência de agora, mais lhe destaca a miserabilidade do espírito, acelerando-lhe a corrida para os desastres e crises de toda ordem.

Registrando o apontamento, não temos o gosto de manejar a picareta derrotista, nem somos profetas do pessimismo ou da decadência.

Compreendemos o sofrimento individual e coletivo como imposição natural e justa de que não nos é lícito escapar, tanto quanto, na existência comum, ninguém foge ao serviço da limpeza se pretende evoluir e preservar-se.

Não há tempestade sem benefício, como não existe noite sem alvorada.

Desejamos apenas comentar com os nossos irmãos de fé a necessidade de mais ampla assimilação do Evangelho em nossas linhas de atividade.

O título de espírita, atualmente, vale por cristão redivivo, envolvendo a inadiável obrigação de socorro ao mundo.

E todos nós, que já recebemos, por mercê do Senhor, o conhecimento da Justiça Divina, através da reencarnação, e a certeza da imortalidade da alma, constituímos, em nome do Mestre, vasta frente de servidores com o dever de ajudar a Humanidade que se debate no caos.

Para que estejamos, porém, investidos do poder que semelhante mandato nos faculta, é indispensável não apenas pregar o Evangelho, mas incorporá-lo a nós mesmos, para que a nossa vida fale mais alto que as nossas palavras.

Nas vastidões obscuras das esferas inferiores, choram os soldados que perderam inadvertidamente a oportunidade da vitória. São aqueles companheiros nossos que transitaram no luminoso carreiro da Doutrina, exigindo baixasse o Céu até eles, sem coragem para o sacrifício de se elevarem até o Céu. Permutando valores eternos pelo prato de lentilhas da facilidade humana, precipitaram-se no velho rochedo da desilusão, a que se prendem pelo desespero e pelo arrependimento tardio.

E o grande conflito entre o bem e o mal continua fragoroso e terrível, concitando-nos à humildade e ao trabalho, ao amor e à renúncia.

Espíritas, irmãos de ideal, se quiserdes o triunfo nas promessas que assinastes Mais Alto, antes de empreenderdes a presente romagem no mundo, é preciso acordar para a responsabilidade de viver e de crer, lutando destemerosamente na regeneração de nós mesmos e no soerguimento moral da Terra!

Guardemos a provação por bênção, o trabalho por alimento espiritual de cada dia, o obstáculo por medida de nossa confiança, a fé por nosso incessante estímulo e a consciência tranquila por nosso melhor galardão.

A batalha neste século é decisiva para nós, espiritistas e servidores da Boa-Nova, quinhoados com a riqueza do conhecimento renovador! Aceitaremos o Cristo, libertando-nos definitivamente das trevas, ou permaneceremos nas trevas, adiando indefinidamente a nossa libertação com o Cristo.

Que Nossa Mãe Santíssima nos proteja e nos abençoe.

ANTÔNIO LUIZ SAYÃO

2
Estuda

No encerramento de nossas atividades, na noite de 23 de junho de 1955, nosso amigo espiritual José Xavier anunciou, através do médium:

— Solicitamos aos companheiros alguns momentos de oração silenciosa, a fim de que possamos receber a visita do amigo Leôncio Correia, que deseja comunicar-se no grupo, encarecendo o impositivo do estudo edificante.

Afastou-se o irmão a que nos referimos e, de imediato, com expressiva transfiguração fisionômica do médium, o grande poeta paranaense transmitiu-nos o seguinte soneto:

Estuda e encontrarás a lâmpada divina

Que, excelsa, te clareia o templo da memória,

Descerrando-te aos pés a senda meritória,

Em que a vida imortal se revela e domina.

Estuda e atingirás a visão peregrina
Da Ciência e do Amor, da Beleza e da História,
Antegozando a luz, na sombra transitória,
E prelibando o Céu na Terra pequenina.

Estuda e entenderás a glória que se expande,
Da alma que, na humildade, aprendeu a ser grande,
Para quem a ilusão se prosterna de rastros...

O livro que aprimora é um mentor que nos guia.
Estuda e sentirás, chorando de alegria,
O coração de Deus pulsando além dos astros.

Leôncio Correia

3
Ensinamento vivo

Aqueles que se entregam às lides espiritistas encontram, comumente, surpresas consoladoras e emocionantes.

Visitáramos, várias vezes, Maria da Conceição, pobre moça que renascera paralítica, muda e surda, vivendo por mais de meio século num catre de sofrimento, sob os cuidados de abnegada avó.

Nunca lhe esqueceremos os olhos tristes, repletos de resignação e humildade, e que a morte cerrou em janeiro de 1954, como quem liberta dos grilhões da sombra infortunada criatura desde muito sentenciada a terríveis padecimentos. Pois foi Maria da Conceição a nossa visitante no encerramento das tarefas da noite de 30 de junho de 1955. Amparada por benfeitores da Espiritualidade, falou-nos em lágrimas de sua difícil experiência.

Filhos de Deus, que a paz do Senhor seja a nossa luz.

Enquanto permanecemos no corpo de carne, não conseguimos, por mais clara se nos faça a compreensão da justiça, apreender-lhe a grandeza em toda a extensão.

Admitimos a existência do Inferno que pune os transgressores e acreditamos no braço vingador daqueles que se entregam ao papel de carrascos de quantos se renderam ao sorvedouro do crime.

Raras vezes, porém, refletimos nos tormentos que a consciência culpada impõe a si própria, Além-Túmulo.

Fascinados pelo mundo exterior, dormitamos ao aconchego da ilusão e não nos recordamos de que, um dia, virá o despertar no mundo de nós mesmos.

A morte arranca-nos o véu em que nos ocultamos, e ai de nós quando não temos por moldura espiritual senão remorso e arrependimento, vileza e degradação.

Achamo-nos em plena nudez, diante do autojulgamento, e somente assinalamos os quadros e gritos acusadores que nascem de nossa própria alma, exprimindo maldição.

Nossos olhos nada mais veem senão o painel das lembranças amargas, os ouvidos não escutam outras palavras que não as do libelo por nós e contra nós, e, por mais vagueemos com a ligeireza do pensamento, através de milhares de quilômetros no espaço, encontramos simplesmente a nós mesmos, na vastidão do tempo, confinados ao escuro e estreito horizonte de nossa própria condenação.

Os dias passam por nós como as vagas do mar, lambendo o rochedo na solidão que lhe é própria, até que os raios da Compaixão Divina nos dissipem as sombras, ensejando-nos a prece como caridosa luz que nos clareia a furna da inconsequência.

É então que a Bondade do Senhor interfere na justiça, permitindo ao criminoso traçar mentalmente a correção que lhe é necessária.

E o delinquente sempre escolhe a posição das vítimas que lhe sucumbiram às mãos, bendizendo a reencarnação expiatória que lhe faculta o reexame dos caminhos percorridos.

Trazida até aqui por nossos benfeitores, falo-vos de minha experiência.

Sou a vossa irmã Conceição, que volta a fim de comentar convosco o impositivo da consciência tranquila perante a Lei.

Administrais o esclarecimento justo às almas desgarradas do trilho reto e determinam nossos instrutores vos diga a todos, encarnados e desencarnados, daquele esclarecimento vivo que nos é imposto pelas duras provas da vida, quando não assimilamos o valor da palavra enquanto é tempo!...

Paralítica, surda, muda e quase cega, não era surda para as vozes que me acusavam, na profundez de minhas dores da consciência, não era paralítica para o pensamento que se movimentava à distância de minha cabeça flagelada, não era muda para as considerações que me saltavam do cérebro e nem cega para os quadros terrificantes do plano imaginativo...

Dama vaidosa e influente da Corte de Filipe II, na Espanha inquisitorial, reapareci neste século, de corpo desfigurado, a mergulhar nos próprios detritos, corpo que era simplesmente a imagem torturada de minha alma, açoitada de angústia e emparedada nos ossos doentes, para redimir o passado delituoso.

Durante mais de cinquenta anos sucessivos, por felicidade minha experimentei fome, frio, enfermidade e desprezo de meus semelhantes... Em toda a existência, como bênção de calor na carne devastada de sofrimento, não recebi senão a das lágrimas que me escorriam dos olhos...

Mas a doutrinação regeneradora que não recolhi da palavra de quantos me ampararam noutro tempo, com amoroso aviso, fui constrangida a assimilá-la sob o rude tacão de atrozes padecimentos.

Quando a lição do Senhor é recusada por nossos ouvidos, ressurge invariável, em nós mesmos, na forma de provação necessária ao reajuste de nossos destinos.

Dirigindo-me, assim, a vós outros que me conhecestes o leito atormentado no mundo e a vós que me escutais sem a vestimenta física, rogo devoção e respeito para com o socorro moral de Jesus por intermédio daqueles que lhe distribuem os dons de conhecimento e consolação.

Quem alcança a verdade sabe o que deve fazer.

Submetamo-nos ao amor de Deus, enquanto há tempo de partilhar o tempo daqueles que mais amamos, a fim de que a dor não nos submeta, implacável, obrigando-nos a partilhar o tempo da dificuldade e da solidão.

Essa tem sido para mim a mais severa advertência da vida.

Com o Amparo Divino, entretanto, sinto que o meu novo dia nasceu.

Aprendamos, pois, a ouvir e a refletir, sem jamais esquecer que o Amor reina, soberano, em todos os círculos do Universo, recordando, porém, que a Justiça cumprir-se-á, rigorosa, na senda de cada um.

Maria da Conceição

4

A REFLEXÃO MENTAL

Na noite de 7 de julho de 1955, fomos surpreendidos por imenso reconforto, porquanto, pela primeira vez, recolhemos a palavra do Dr. Alberto Seabra, abnegado médico e distinto escritor espiritista, que nos falou com respeito ao mundo mental.

Quando os instrutores da Sabedoria preconizam o estudo, não desejam que o aprendiz se intelectualize em excesso para a volúpia de humilhar os semelhantes com as cintilações da inteligência, e, quando recomendam a meditação, decerto não nos inclinam à ociosidade ou ao êxtase inútil.

Referem-se à necessidade de nosso aprimoramento interior para mais vasta integração com a Luz Infinita, porque o reflexo mental vibra em tudo.

Nossa alma pode ser comparada a espelho vivo com qualidades de absorção e exteriorização.

Recolhe a força da vida em ondas de sentimento e emite-as em ondas de pensamento a se expressarem por palavras e atitudes, exemplos e fatos.

Refletimos, assim, constantemente, uns nos outros.

É pelo reflexo mental que se estabelece o fenômeno da afinidade, desde os reinos mais simples da Natureza.

Vemo-lo nos animais que se acasalam, no mesmo tom de simpatia, tanto quanto nas almas que se reúnem na mesma faixa de entendimento.

Quando se consolida a amizade entre um homem e um cão, podemos registrar o reflexo da mente superior da criatura humana sobre a mente fragmentária do ser inferior, que passa então a viver em regime de cativeiro espontâneo para servir ao dono e condutor, cuja projeção mental exerce sobre ele irresistível fascínio.

É desse modo que Espíritos encarnados podem influenciar entidades desencarnadas, e vice-versa, provocando obsessões e perturbações, tanto na esfera carnal como além-túmulo.

As almas que partem podem retratar as que ficam, assim como as almas que ficam podem retratar as que partem.

Quando pranteamos a memória de alguém que nos antecede, aí no mundo, na viagem da morte, atiramos nesse alguém o gelo de nossas lágrimas ou o fogo de nossa tortura, conturbando-lhe o coração, toda vez que esse Espírito não for suficientemente forte para sobrepor-se ao nosso infortúnio. E quando alguém se ausenta da carne, carreando aflições e pesares procedentes de nossa conduta, arremessará da vida espiritual sobre nossa alma os dardos magnéticos da lembrança infeliz que conserva a nosso respeito, prejudicando-nos o passo no mundo, caso não estejamos armados de arrependimento para renovar a situação, criando imagens de harmonia restauradora.

Em razão disso, convém meditar nos ideais, aspirações, pessoas e coisas que refletimos, porque todos nos subordinamos, pelo reflexo mental, ao fenômeno da conexão.

Estamos inevitavelmente ligados a tudo o que nos merece amor.

Essa lei é inderrogável em todos os planos do Universo.

Os mundos no Espaço refletem os sóis que os atraem, e a célula, quase inabordável no corpo humano, reflete o alimento que lhe garante a vida. Os planetas e os corpúsculos, porém, permanecem escravizados a leis cósmicas e organogênicas irrevogáveis.

O Espírito consciente, no entanto, embora submetido às leis que lhe presidem o destino, tem consigo a luz da razão que lhe faculta a escolha.

A inteligência humana, encarnada ou desencarnada, pode contribuir, pelo poder da vontade, na educação ou na reeducação de si própria, selecionando os recursos capazes de lhe favorecerem o aperfeiçoamento.

A reflexão mental no homem pode, assim, crescer em amplitude e sublimar-se em beleza para absorver em si a projeção do Pensamento Superior.

Tudo dependerá de nosso propósito e decisão.

Enquanto nos comprazemos com a ignorância ou com a indiferença para com os princípios que nos governam, somos cercados sem defensiva por pensamentos de todos os tipos, muitas vezes na forma de monstruosidades e crimes, em quadros vivos que nos assaltam a imaginação ou em vozes inarticuladas que nos assomam à acústica do espírito, conduzindo-nos aos mais escuros ângulos da sugestão.

É por isso que notamos tanta gente ao sabor das circunstâncias, aceitando simultaneamente o bem e o mal, a verdade e a mentira, a esperança e a dúvida, a certeza e a negação, à maneira de folha volante na ventania.

Eduquemo-nos, estudando e meditando, para refletir a Divina Inspiração.

Lembremo-nos de que o impulso automático do braço que levanta a lâmina homicida pode ser perfeitamente igual, em movimento, ao daquele que ergue um livro enobrecedor.

A atitude mental é que faz a diferença.

Nosso pensamento tem sede de elevação, a fim de que a nossa existência se eleve.

Construamos em nós o equilíbrio e o discernimento.

Rendamos culto incessante à bondade e à compreensão.

Habitualmente contemplamos no espelho da alma alheia a nossa própria imagem, e, por esse motivo, recolhemos dos outros o reflexo de nós mesmos ou então aquela parte dos outros que se harmoniza com o nosso modo de ser.

Não bastam à nossa felicidade aquisições unilaterais de virtude ou valores incompletos.

Todos temos fome de plenitude.

O desejo é o ímã da vida.

Desejando, sentimos, e, pelo sentimento, nossa alma assimila o que procura e transmite o que recebe.

Aprendamos, pois, a querer o melhor, para refletir o melhor em nossa ascensão para Deus.

Alberto Seabra

5

Primeiros instantes de um morto

No horário reservado à instrução, na noite de 14 de julho de 1955, nosso conjunto recolheu expressiva mensagem do irmão G., inserta neste capítulo, em que nos informa quanto aos seus primeiros instantes na Vida Espiritual.

Cabe-nos esclarecer que o comunicante, político e administrador de méritos indiscutíveis, recentemente desencarnado, esteve antes em nossa casa de preces, sob a custódia dos Amigos Espirituais que lhe amparavam a recuperação necessária e justa.

Mostrava-se, então, enfermiço e indisposto, mas a breve tempo, retemperado e fortalecido, retornou ao nosso templo, onde nos forneceu as valiosas impressões que passamos a transcrever.

Meus amigos:

Recordando aquele rico da parábola evangélica que não obteve permissão para tornar ao círculo doméstico, depois da morte, compreendo hoje perfeitamente a justeza da proibição que lhe frustrou o propósito, porque, sem sombra de dúvida, ninguém no mundo lhe daria crédito à palavra.

A experiência social na Terra vive tão distraída nos jogos de máscara, que a visita da verdade sem mescla, a qualquer agrupamento humano, por muito tempo ainda será francamente inoportuna.

Falando assim ao vosso mundo afetivo, não nutro o menor interesse em quebrar a cadeia de enganos a que se aprisionam meus antigos laços do coração.

Profundamente transformado, depois da grande travessia, em que o túmulo é o marco de nosso retorno à realidade, dirijo-me particularmente a vós outros, navegantes da fé no oceano da vida, para destacar a necessidade de valorização do tempo nos curtos dias de nossa permanência no corpo.

Para exemplo, recorro ao meu caso, já que, pelo concurso fraterno, ligastes-vos ao processo de minha renovação.

Como sabeis, qual ocorre à árvore doente, que tomba aos primeiros toques do lenhador, caí também, de imprevisto, ao primeiro golpe da Morte.

Industrial, administrador e homem público, em atividade intensa e incessante, não admitia que o sepulcro me requisitasse tão apressadamente à meditação.

A angina, porém, espreitava-me, vigilante, e fulminou-me sem que eu pudesse lutar.

Recordo-me de haver sido arremessado a uma espécie de sono que me não furtava a consciência e a lucidez, embora me aniquilasse os movimentos.

Incapaz de falar, ouvi os gritos dos meus e senti que mãos amigas me tateavam o peito, tentando debalde restituir-me a respiração.

Não posso precisar quantos minutos gastei na vertigem que me tomara de assalto, até que, em minha aflição por despertar, notei que a forma inerte me retomava a si, que minha alma entontecida regressava ao corpo pesado; no entanto, espessa cortina de sombra parecia interpor-se agora entre os meus afeiçoados e a minha palavra ressoante, que ninguém atendia...

Inexplicavelmente assombrado, em vão pedia socorro, mas acabei por resignar-me à ideia de que estava sendo vítima de estranho pesadelo, prestes a terminar.

Ainda assim, amedrontava-me a ausência de vitalidade e calor a que me via sentenciado.

Após alguns minutos de pavoroso conflito, que a palavra terrestre não consegue determinar, tive a impressão de que me aplicavam sacos de gelo aos pés.

Por mais verberasse contra semelhante medicação, o frio alcançava-me todo o corpo, até que não pude mais...

Aquilo valia por expulsão em regra.

Procurei libertar-me e vi-me fora do leito, leve e ágil, pensando, ouvindo e vendo...

Contudo, buscando afastar-me, reparei que um fio tênue de névoa branquicenta ligava minha cabeça móvel à minha cabeça inerte.

Indiscutivelmente delirava — dizia de mim para comigo —, no entanto aquele sonho me dividia em duas personalidades distintas, não obstante guardar a noção perfeita de minha identidade.

Apavorado, não conseguia maior afastamento da câmara íntima, reconhecendo, inquieto, que me vestiam caprichosamente a estátua de carne, a enregelar-se.

Dominava-me indizível receio.

Sensações de terror neutralizavam-me o raciocínio.

Mesmo assim, concentrei minhas forças na resistência.

Retomaria o corpo.

Lutaria por reaver-me.

O delíquio inesperado teria fim.

Contudo, escoavam-se as horas e, não obstante contrariado, vi-me exposto à visitação pública.

Mas oh! irrisão de meu novo caminho!...

Eu, que me sentia singularmente repartido, observei que todas as pessoas com acesso ao recinto, diante de mim, revelavam-se divididas em identidade de circunstâncias, porque, sem poder explicar o fenômeno, lhes escutava as palavras faladas e as palavras imaginadas.

Muitas diziam aos meus familiares em pranto:

— Meus pêsames! Perdemos um grande amigo...

E o pensamento se lhes esguichava da cabeça, atingindo-me como inexprimível jato de força elétrica, acentuando: — "Não tenho pesar algum, este homem deveria realmente morrer...".

Outras se enlaçavam aos amigos, e diziam com a boca:

— Meus sentimentos! O doutor G. morreu moço, muito moço.

E acrescentavam, refletindo: — "Morreu tarde... Ainda bem que morreu... Velhaco! Deixou uma fortuna considerável... Deve ter roubado excessivamente...".

Outras, ainda, comentavam junto à carcaça morta:

— Homem probo, homem justo!...

E falavam de si para consigo: — "Político ladrão e sem palavra! Que a terra lhe seja leve e que o inferno o proteja!...".

Via-me salteado por interminável projeção de espinhos invisíveis a me espicaçarem o coração.

Torturado de vergonha, não sabia onde me esconder.

Ainda assim, quisera protestar quanto às reprovações que me pareceram descabidas.

Realmente não fora o homem que devia ter sido, no entanto, até ali, vivera como o trabalhador interessado em quitar-se com os seus compromissos.

Não seria falta de caridade atacarem-me, assim, quando plenamente inabilitado a qualquer defensiva?

Por muito tempo, perdurava a conturbação, até que encontrei algum alívio...

Muitas crianças das escolas, que eu tanto desejaria ter ajudado, oravam agora junto a mim.

Velhos empregados das empresas em que eu transitara, e de cuja existência não cogitara com maior interesse, vinham trazer-me respeitosamente, com lágrimas nos olhos, a prece e o carinho de sincera emoção.

Antigos funcionários, fatigados e humildes, aos quais estimara de longe, ofertavam-me pensamentos de amor.

Alguns poucos amigos envolveram-me em pensamentos de paz.

Aquietei-me, resignado.

Doce bálsamo de reconhecimento acalmou-me a aflição e pude chorar, enfim...

Com o pranto, consegui encomendar-me à Bondade Infinita de Deus, respirando consolo e apaziguamento.

Humilhado, aguardei paciente as surpresas da nova situação.

Estava inegavelmente *morto* e *vivo*.

O catafalco não favorecia qualquer dúvida.

Curtia dolorosas indagações, quando, em dado instante, arrebataram-me o corpo.

Achava-me livre para pensar, mas preso aos despojos hirtos pelo estranho cordão que eu não podia compreender e, em razão disso, acompanhei o cortejo triste, cauteloso e desapontado.

Não valiam agora o carinho sincero e a devoção afetiva com que muitos braços amigos me acalentavam o ataúde...

A vizinhança do cemitério abalava a escassa confiança que passara a sustentar em mim mesmo.

O largo portão aberto, a contemplação dos túmulos à entrada e a multidão que me seguia, compacta, faziam-me estarrecer.

Tentei apoiar-me em velhos companheiros de ideal e de luta, mas o ambiente repleto de palavras vazias e orações pagas como que me acentuava a aflição e o desespero.

Senti-me fraquejar.

Clamei debalde por socorro, até que, com os primeiros punhados de terra atirados sobre o esquife, caí na sepultura acolhedora, sem qualquer noção de mim mesmo.

Apagara-se o conflito.

Tudo era agora letargo, abatimento, exaustão...

Por vários dias repousei, até que, ao clarão da verdade, reconheci que as tarefas do industrial e político haviam chegado a termo.

Apesar disso, porém, a certeza da vida que não morre levantara-me a esperança.

Antigas afeições surgiram, amparando-me a luta nova e, desse modo, voltou à condição do servidor anônimo o homem que talvez indebitamente se elevara no mundo aos postos de diretiva.

É assim que, em vos visitando, devo estimular-vos ao culto dos valores claros e certos.

Instalar a felicidade no próprio espírito, através da felicidade que pudermos edificar para os outros, é a única forma de encontrarmos a verdadeira felicidade.

Tenho hoje a convicção de que os patrimônios financeiros apenas agravam as responsabilidades da alma encarnada, e a política, presentemente, para mim se assemelha à tina d'água que agitamos em esforço constante para vê-la sempre a mesma, em troca apenas do cansaço que nos impõe.

Todos os aparatos da experiência humana são sombras a se movimentarem nas telas passageiras da vida.

Só o bem permanece.

Só o bem que idealizamos e plasmamos é a luz que fica.

Assim, pois, buscando o bem, roguemos a Deus nos esclareça e nos abençoe.

G.

6
EM ORAÇÃO

No término de nossas atividades, na noite de 21 de julho de 1955, justamente quando a Igreja Católica celebrava, no Rio de Janeiro, grande conclave religioso, o nosso grupo teve a honrosa satisfação de receber a palavra do grande prelado brasileiro, que foi o cardeal Joaquim Arcoverde, cuja sentida mensagem constou da prece aqui transcrita.

Jesus, Senhor e Mestre!

Nesta hora, em que a Igreja Católica Romana, de que temos sido modesto servidor, se engalana no Brasil com os júbilos do trigésimo sexto Congresso Internacional das forças que a representam, derrama sobre nós a bênção do teu olhar.

Ensina-nos que a tua causa é aquela do amor que exemplificaste e que, por isso, não há cristãos separados, mas sim ovelhas dispersas de teu aprisco, a se dividirem provisoriamente nos templos da fé viva, em que a tua doutrina é venerada.

Tu que desceste da glória à manjedoura para servir-nos, induze-nos à humildade para que te não injuriemos o nome com a mentirosa soberbia do ouro terrestre.

Tu que estendeste a abnegação aos próprios verdugos, inclina-nos à bondade e à tolerância, a fim de que sejamos verdadeiros e fiéis irmãos uns dos outros.

Tu que nos recomendaste a oração pelos que nos perseguem e caluniam, expulsa de nossa vida o ódio e a crueldade, a discórdia e o fanatismo, que tantas vezes nos envenenam os corações.

Tu que te detiveste entre cegos e estropiados, enfermos e paralíticos, distribuindo o socorro e a esperança, impele-nos a deixar nossa velha torre de egoísmo e isolamento, a fim de consagrarmo-nos contigo à exaltação do bem.

Tu que não possuíste uma pedra onde repousar a cabeça, guia-nos ao desprendimento e à caridade, para que a embriaguez da efêmera posse humana não nos imponha a loucura!...

Senhor, nós, os religiosos de tua revelação, abusando do poder e da fortuna, temos nossos deveres para com o mundo, que, engodado pela inteligência transviada nas trevas, ainda agora se dirige para a deflagração de pavorosa carnificina.

Divino Pastor, compadece-te do rebanho desgarrado nos espinheirais da ilusão e da sombra!...

Perdoa-nos e ajuda-nos.

Mestre, faze que os sacerdotes retos, que já atravessaram as cinzas do túmulo, voltem de novo à Terra, em auxílio de seus irmãos que ainda se mergulham no nevoeiro da carne!... E que todos nós, acordados para a justiça, possamos retornar ao teu Evangelho de Amor, louvando-te o apostolado de luz, para sempre.

JOAQUIM ARCOVERDE

7
No celeiro da prece

Na reunião de 28 de julho de 1955, a presença espiritual do grande poeta Múcio Teixeira foi carinhosamente anunciada pelo nosso companheiro José Xavier. Daí a momentos, o generoso visitante empolgou a organização mediúnica, ofertando-nos o belo soneto que passamos à sensibilidade dos nossos leitores.

Nevoeiro... Torpor... Eis que a treva se adensa.
E na senda abismal, sem luz que a reconforte,
Vagueia a multidão dos viajores da morte,
Sob rude aquilão na treva espessa e imensa.

Trazem na mente em sombra a insensatez sem norte,
O vício, a usura, a inveja, a maldade e a descrença,

O desencanto, o fel... e tudo o que condensa
A dor de quem viveu no escárnio à própria sorte.

Irmãos que partilhais os dons da escola humana,
Vinde à prece e ajudai a triste caravana
Em desesperação no caminho inseguro!...

E aprendei, desde agora, a servir cada instante,
Preparando no bem luminoso e incessante
A glória do presente e a ascensão do futuro.

Múcio Teixeira

8
Servir para merecer

Finalizando as nossas atividades na noite de 4 de agosto de 1955, tivemos a palavra do grande companheiro Antônio Gonçalves Batuíra, denodado pioneiro do Espiritismo no Estado de São Paulo, que, de modo vibrante, nos convocou ao valor moral para mais alto padrão de eficiência da nossa tarefa espírita.

Meus irmãos, que a divina bondade de Nosso Senhor Jesus Cristo seja louvada.

Pedir é mais que natural, no entanto, é razoável saber o que pedimos.

Habitualmente trazemos para o Espiritismo a herança do menor esforço, haurida nas confissões religiosas que nos viciaram a mente no culto externo excessivo, necessitando, assim, porfiar energicamente para que a vocação do petitório sistemático ceda lugar ao espírito de luta com que nos cabe aceitar os desafios permanentes da vida.

No intercâmbio com as almas desencarnadas, procedentes da esfera que vos é mais próxima, sois surpreendidos por todos os tipos de queda espiritual.

Sob tempestades de ódio e lágrimas, desesperação e arrependimento, consciências culpadas ou entorpecidas vos oferecem o triste espetáculo da derrota interior a que foram atiradas pelo próprio desleixo.

É que, soldados da evolução, esqueceram as armas do valor moral e da vontade firme com que deveriam batalhar na Terra, na aquisição do próprio aprimoramento, passando à condição parasitária daqueles que recebem dos outros sem darem de si e acabando o estágio humano, à feição de fantasmas da hesitação e do medo, a se transferirem dos grilhões da preguiça e da pusilanimidade à escravidão àquelas Inteligências brutalizadas no crime que operam, conscientemente, nas sombras.

Levantemo-nos para viver como alunos dignos do educandário que nos recolhe!

Encarnados e desencarnados, unamo-nos no dinamismo do bem para situar, sempre mais alto, a nossa oportunidade de elevação.

É inútil transmitir a outrem o dever que nos compete, porque o tempo inflexível nos aguarda, exigindo-nos o tributo da experiência, sem o qual não nos será possível avançar no progresso justo.

Todos possuímos escabroso pretérito por ressarcir, e, dos quadros vivos desse passado delituoso, recolhemos compulsoriamente os reflexos dos nossos laços inferiores que, à maneira de raízes do nosso destino, projetam sobre nós escuras reminiscências.

Todos temos aflições e dúvidas, inibições e dificuldades, e, sem elas, certamente estaríamos na posição da criatura simples, mas selvagem e primitivista, indefinidamente privada do benefício da escola.

Clareemos o cérebro no estudo renovador e limpemos o coração com o esmeril do trabalho, e, então, compreenderemos que o Senhor nos emprestou os preciosos dons que nos valorizam a existência, não para rendermos culto às facilidades sem substância, engrossando a larga fileira dos pedinchões e preguiçosos inveterados, mas sim para que sejamos dignos companheiros da luz, caminhando ao encontro de seu amor e de sua sabedoria, com os nossos próprios pés.

Saibamos, assim, aprender a servir para merecer.

Batuíra

9
O CÍRCULO DE ORAÇÃO

Noite de 11 de agosto de 1955.

Em finalizando as nossas tarefas no socorro aos sofredores desencarnados, comparece o irmão José Xavier, que nos recomenda fraternalmente:

— Solicitamos dos companheiros alguns momentos de acurada meditação para articularmos com mais segurança o "tono vibratório" de nossa reunião, porque, hoje, um novo amigo, o Professor Labouriau, ocupará o canal mediúnico, a fim de expressar-se quanto ao valor de um círculo de oração.

Com efeito, daí a instantes transfigura-se o médium. A entidade comunicante senhoreia-lhe todas as forças. Levanta-se. Fala-nos à maneira de um preceptor interessado na educação dos aprendizes. E transmite-nos o fulgurante estudo que oferecemos neste capítulo.

Comentemos a importância de um círculo de oração nos serviços de assistência medianímica, como um aparelho acelerador de metamorfose espiritual.

Imaginemo-lo assim como um cíclotron da ciência atomística dos tempos modernos.

Os companheiros do grupo funcionam como eletroímãs, carregados de força magnética positiva e negativa, constituindo uma corrente alternada de alta frequência, através da qual o socorro do Plano Superior, transmitido por intermédio do dirigente físico, exterioriza-se como um projétil de luz sobre o desencarnado em sombra que, simbolizando o núcleo atômico a ser atingido, permanece justaposto ao alvo mediúnico.

No bombardeio nuclear, sabemos que um próton, arremessado sobre o objetivo, imprime-lhe transformação compulsória à estrutura essencial.

Um átomo elevar-se-á na escala do sistema periódico, na medida das cargas dos corpúsculos que lhe forem agregados.

Assim sendo, a projeção de um átomo simples sobre certa unidade química determina a subida de um ponto em sua posição na série estequiogenética.

A carga do único próton do núcleo do átomo de hidrogênio, de número atômico 1, arrojada sobre o lítio, cujo número atômico é 3, modificá-lo-á para berílio, que tem número atômico 4; ou, sobre o alumínio, de número atômico 13, alterá-lo-á para silício, cujo número atômico é 14.

Nesse mesmo critério, a injeção de um núcleo de átomo de hélio com seus dois prótons, de número atômico 2, sobre berílio, de número atômico 4, adicionar-lhe-á dois pontos acima, convertendo-o em carbono, cujo número atômico é 6.

Recorremos a figurações elementares do mundo químico para dizer que também no círculo de oração o impacto das energias emitidas de nosso plano, através do orientador encarnado, em base de radiações por enquanto inacessíveis à perquirição terrestre, provoca sensíveis alterações na mente perturbada, conduzida à assistência cristianizadora.

Consciências estagnadas nas trevas da ignorância ou da insânia perversa são trazidas à retorta mediúnica para receberem o bombardeio controlado de forças e ideias transformadoras que lhes renovam o campo íntimo, e, daí, nasce a guerra franca e sem quartel, declarada a todos os grupos respeitáveis do Espiritismo pelas inteligências que influenciam na sombra e que fazem do vampirismo a sua razão de ser.

Todos vós, que recolhestes do Senhor os mandatos do esclarecimento, os recursos da mediunidade e os títulos da cooperação, no trato com os reinos do Espírito, sabei que para conservardes um círculo de oração, equilibrado e seguro, é imprescindível pagar os mais altos tributos de sacrifício, porque, em verdade, retendes convosco poderosa máquina de transmutação espiritual, restaurando almas enfermas e transviadas em núcleo de ação eficiente, que vale por reduto precioso de operações da Esfera Divina, no amparo às necessidades e problemas da Terra.

Unamo-nos, assim, no trabalho do Cristo, como obreiros da Grande Fraternidade, mantendo-nos diligentes e alertas, na batalha incessante do bem contra o mal em que devemos servir para a vitória da Luz.

F. Labouriau

10

Eles, nossos irmãos

Na fase terminal de nossas tarefas, na noite de 18 de agosto de 1955, o canal mediúnico foi mobilizado pelo Espírito José Inácio Silveira da Mota, que foi senador do Segundo Império e valoroso abolicionista do cativeiro no Brasil.

Honrando o nosso grupo com a sua presença, Silveira da Mota comenta, com brilho, a situação de muitos dos antigos escravos em nossa Pátria, ainda hoje aprisionados pelas exigências dos irmãos encarnados, que lhes exploram a abnegação e o carinho.

Falemos algo com referência a eles, nossos irmãos.

Até hoje, ninguém sabe com segurança quantos vieram.

Humboldt, estudando a localização das raças na América, admite que, em princípios do século passado (século XIX), constituíam, na população do Brasil, a parcela de quase dois milhões.

Eram arrancados ao lar como se furtam pássaros ao viveiro.

Seduzidos e caçados sem compaixão, reconheciam-se, em breve, desiludidos ou puxados a ferro.

Dos porões de navios, chamados tumbeiros, em cujo bojo sofriam a tristeza e a solidão, a peste e a morte, eram trazidos à praça pública e vendidos em leilão à maneira de porcos.

Separados uns dos outros, traídos e seviciados, viam-se espalhados, aqui e ali, como burros de carga.

No entanto, formavam o sustentáculo do engenho e do cafezal, do moinho e da mineração, da cidade e do campo.

Nenhuma edificação do monumento brasileiro foi começada sem eles, mas por salário, ao martírio silencioso em que se sacrificavam, obtinham somente a senzala e o pelourinho, o flagelo e a humilhação, a algema e o chicote.

Muitas vezes, foram considerados em nível inferior ao dos animais.

Plantavam, criavam e construíam como autênticos desbravadores do deserto verde, contudo, não recolhiam dos senhores que os exploravam senão a escura retribuição do suor e das lágrimas.

Por mais de trezentos anos, na condição de cativos, cruzaram o litoral e a montanha, chorando e servindo...

Incorporaram-se, desse modo, ao tronco genealógico da família brasileira.

Arrebatados ao berço em que se desenvolviam, permanecem agora, como é natural, jungidos à terra diferente em que se fizeram credores da evolução e do progresso.

Entretanto, a redentora lei de 13 de maio de 1888, que lhes devolveu a liberdade, não lhes atingiu de todo a vida espiritual, porque, ainda hoje, abertas as portas do intercâmbio entre os dois mundos, ei-los, de novo, atraídos e engodados nas múltiplas linhas do fenômeno psíquico, para continuarem na posição de elemento servil.

Abusa-se-lhes da ingenuidade, pede-se-lhes o concurso na magia deprimente, zurze-se-lhes o coração com exigências desprezíveis e suga-se-lhes o seio...

Espíritas do Brasil, pregoeiros da fé renovadora, quando em contato com os desencarnados, que ainda se ligam ao mundo africano por força de estágio evolutivo, olvidai a paixão escravagista, deles aprendendo a abnegação e a humildade e ajudando-os, em troca, a subir para mais altas formas de educação.

Manter o cativeiro do corpo ou da alma é falta grave, pela qual responderemos, um dia, nos tribunais celestes.

Lembremo-nos de que os escravos de ontem são igualmente nossos irmãos, e aos irmãos não se estende a canga opressiva e perturbadora, mas sim a fonte do amor e a bênção da Luz.

José Inácio Silveira da Mota

11
Ceitil por ceitil

Na reunião de 25 de agosto de 1955, foi Valéria, abnegada amiga espiritual, que nos visitou, através do médium, contando-nos algo de sua romagem última pelos caminhos da Terra.

Em traços simples, mas profundamente humanos e expressivos, plasmou o formoso estudo da Lei de Causa e Efeito que passamos a apresentar.

Amigos.

Trazida ao recinto por nossos instrutores, ofereço-vos alguma coisa de minha história obscura.

É um episódio de dor, porque nascido da culpa, mas também de alegria, por erguer-se à redenção.

Observo que a verdade aqui se exprime, veloz, por intermédio de vossa boca; no entanto, para comigo, externou-se ela, devagarinho, pelas amargas lições da lepra.

Não obstante o anonimato de meu berço e a singeleza de minha existência, em minha última romagem na Terra guardava todos os títulos da mulher venturosa.

No entanto, quando mais me orgulhava do lar feliz, coroado pela presença de um esposo e quatro filhos, cujo amor supunha invulnerável, eis que a Justiça Divina delegou à morfeia o poder de expurgar-me o coração.

Nunca me esquecerei do pavor que vi desenhar-se no semblante daqueles que eu mais amava, quando regressei da cidade ao campo com o diagnóstico terrível.

O desprezo de que me vi objeto doía muito mais que a própria enfermidade.

Meu companheiro e meus filhos, amedrontados, desfizeram-se do sítio florescente em que minhas mãos lhes afagavam a vida, e fugiram de mim, legando-me apenas desguarnecida palhoça, no seio da mata, onde me caberia morrer.

Narrar-vos o que foi meu drama expiatório, por mais de dez anos consecutivos, é tarefa impraticável em meus recursos de expressão.

Conheci, de perto, o infortúnio e a necessidade.

O pão esmolado tinha gosto de fel.

O escárnio do próximo, jogado francamente ao meu rosto, era assim como um relho de brasas, revolvendo-me as chagas vivas.

Por agasalho, possuía o musgo com que me socorria a mãe Natureza, e por únicas companhias, no mato agreste, além dos lobos que uivavam a pequena distância, encontrava somente a formiga e a varejeira, com o alívio das lágrimas e o conforto da oração.

O corpo apodreceu, pouco a pouco, guerreando-me o egoísmo e estraçalhando-me a vaidade.

E quando meus pés, por excesso de feridas, se recusaram ao movimento, confiei-me à inanição.

Suspirar pela morte no leito de palha era meu único sonho, entre a sede e a fome, a aflição e o delírio.

Sofri pavorosamente, até que numa noite de estio, dessas em que o orvalho do céu não consegue acalmar a secura escaldante da terra, perguntei a Deus, em pranto mudo, pela razão dos estranhos padecimentos a que o destino me precipitara, indefesa...

Foi então que a febre descerrou inesperados painéis ao meu olhar.

Não podia saber se o presente retornava ao passado ou se o passado me atingia o presente.

Vi-me, engrinaldada de fortuna e beleza, numa cidade espanhola de época recuada.

Nela, possuía um irmão consanguíneo para quem roguei ao Santo Ofício, com falsos testemunhos, a pena de prisão incomunicável, temendo-lhe a palavra, já que tivera a desventura de conhecer-me os crimes inconfessáveis.

Arranquei-o à esposa e aos filhinhos, impus-lhe a solidão e o desespero no calabouço, em que se demorou, por muito tempo, até que requisitei para ele o suplício do fogo, que lhe foi aplicado, por fim, na cela onde agonizava...

Via-lhe ainda as vísceras fumegantes e escutava-lhe os gritos aterradores, quando me senti de volta à carne torturada.

De novo, o silêncio, a angústia e a monotonia...

Experimentara um pesadelo ou havia conhecido a verdade? A Providência Divina teria dado resposta às minhas súplicas?

Formulava semelhantes indagações a mim mesma, quando assinalei os passos de dois homens que se aproximavam...

Mantinham conversação clara e ativa. Ouvia-lhes o diálogo, incapaz de qualquer reação.

— Tem visto você a megera leprosa? — indagou um deles.

— Creio terá morrido, pelo cheiro de peste reinante no ar — respondeu o outro.

— Não será conveniente uma verificação?

— Não me animo a enfrentar essa bruxa, que, a estas horas, não passará de um cadáver.

— Então — rematou o mais afoito —, ajudemo-la para que os corvos não lhe espalhem no campo os restos envenenados...

Notei o ruído de um fósforo a inflamar-se ao compasso de risos estridentes.

As chamas crepitaram rápidas.

Inutilmente procurei clamar por socorro. A garganta jazia semimorta e a boca cerrada não conseguia nem mesmo balbuciar uma prece.

As labaredas pareciam serpentes rubras a me enlaçarem para a morte.

Como descrever-vos a flagelação do momento final?

Sei apenas que, por minutos, que se desdobraram para mim como séculos, vi-me na posição de tocha viva a estertorar-se...

Mas, reduzido o meu corpo a cinzas, ergui-me do pó, vestida em roupa leve e alva.

A gritar de júbilo, vi que meu rosto se reconstituíra, que minhas mãos estavam limpas, que meus cabelos estavam intactos... E, através das chamas que me libertavam, amigos de olhar brando me estendiam braços amorosos, em ósculos de luz.

Ajoelhei-me, feliz, e em lágrimas de ventura agradeci a Deus as úlceras salvadoras e a fogueira da redenção!...

Ah! meus amigos, a evolução do Direito concede-vos hoje sacerdotes e juízes respeitáveis na galeria dos povos mais cultos da Terra, a Inquisição é um fantasma no tempo, e o mundo começa a acalentar, com segurança, preciosos institutos de benemerência e solidariedade humana, contudo, abstende-vos do crime, porque a culpa é assim como jaula a encarcerar-nos a consciência, da qual somente nos libertamos pela Bondade Inexaurível do Pai Celestial que, desse ou daquele modo, nos concede o ensejo de saldar nossos débitos, ceitil por ceitil.

VALÉRIA

12
Esclarecimento

Na parte final de nossas tarefas da noite de 1° de setembro de 1955, foi nosso benfeitor André Luiz quem se valeu do horário das instruções para estimular-nos ao estudo com o seu verbo amigo e sábio.

Com a franqueza e a simplicidade que lhe são peculiares, deixou-nos o precioso esclarecimento, apresentado linhas abaixo.

Quando alinhamos nossas despretensiosas anotações acerca de *Nosso Lar*,[2] relacionando a nossa alegria diante da Vida Superior, muitos companheiros inquiriram espantados: — "Afinal, o que vem a ser isso? Os desencarnados olvidam assim a paragem de que procedem? Se as almas, em se materializando na Terra, chegam do mundo espiritual, por que as exclamações excessivas de júbilo quando para lá regressam, como se fossem estrangeiros ou filhos adotivos de nova pátria?"

O assunto, simples embora, exige reflexão.

E é necessário raciocinar dentro dele, não em termos de vida exterior, mas de vida íntima.

---

[2] **Nota do organizador**: *Nosso Lar*, de autoria do Espírito André Luiz, edição da Feb.

Cada criatura atravessa o portal do túmulo ou transpõe o limiar do berço, levando consigo a visão conceptual do Universo que lhe é própria.

Almas existem que varam dezenas de reencarnações sem a menor notícia da Espiritualidade Superior, em cuja claridade permanecem como que hibernadas, na condição de múmias vivas, já que não dispõem de recursos mentais para o registro de impressões que não sejam puramente de ordem física.

Assemelham-se, de alguma sorte, aos nossos selvagens, que, trazidos aos grandes espetáculos da ópera lírica, suspiram contrafeitos pela volta ao batuque.

E muitos de nós, como tantos outros, em seguida a romagens infelizes ou semicorretas, tornamos do mundo às esferas espirituais compatíveis com a nossa evolução deficiente, e, além desses lugares de purgação e reajuste, habitualmente somos conduzidos por nossos instrutores e benfeitores para ensaios de sublimação a círculos mais nobres e mais elevados, nos quais nem sempre nos mantemos com o equilíbrio desejável, já que nos achamos saudosos de contato mais positivo com as experiências terrestres.

Agimos, então, como alunos inadaptados de universidade venerável, cuja disciplina nos desagrada, por guardarmos o pensamento na retaguarda distante, ansiosos de comunhão com o ambiente doméstico, em razão do espírito gregário que ainda prevalece em nosso modo de ser.

Como é fácil observar, raras inteligências descem, efetivamente, das esferas divinas para se reencarnarem na esfera física.

Todos alcançamos as estações do berço e do túmulo, condicionando nossas percepções do mundo externo aos valores mentais que já estabelecemos para nós mesmos, porque todos nos ajustamos, bilhões de encarnados e desencarnados, a diferentes faixas vibratórias de matéria, guardando, embora, o Planeta como nosso centro evolutivo, no trabalho comum.

Desse modo, a mais singela conquista interior corresponde para a nossa alma a horizontes novos, tanto mais amplos e mais belos, quanto mais bela e mais ampla se faça a nossa visão espiritual.

Construamos, pois, o nosso paraíso por dentro.

Lembremo-nos de que os grandes culpados que edificaram o Inferno, em que se debatem, respiram o ambiente da Terra — da Terra que é um santuário do Senhor, evolutindo em pleno Céu.

Nosso ligeiro apontamento em torno do assunto destina-se, desse modo, igualmente a reconhecermos, mais uma vez, o acerto e a propriedade da palavra de Nosso Divino Mestre, quando nos afirmou, convincente: — "O Reino de Deus está dentro de nós".

André Luiz

13

Resgate

Na noite de 8 de setembro de 1955, recolhemos a mensagem de P. Brandão, um amigo desencarnado que fora anteriormente socorrido por nossos benfeitores em nosso templo de reconforto espiritual.

No início de nossas tarefas, na noite mencionada, havíamos lido por tema de meditação a palavra do Divino Mestre, em que nos recomenda: — "Concilia-te depressa com o teu adversário, enquanto estás a caminho com ele". E o comunicante amigo reportou-se à citação evangélica, a fim de trazer-nos a sua experiência, repleta de material para nossos estudos em torno do ser e do destino.

Meus amigos.

O texto que nos serviu de meditação nesta noite foi aquele das palavras de nosso Divino Mestre: — "Concilia-te depressa com o teu adversário, enquanto estás a caminho com ele".

Certamente por isso determinam nossos orientadores algo vos fale de minha agoniada experiência.

Há dois anos, precisamente, tomei contato convosco. Nessa época, não passava de um infeliz psicopata, fora do corpo físico.

Triste duende da aflição na noite da angústia, carregava comigo todos os remanescentes da queda moral a que me despenhara.

Com o auxílio da palavra edificante e da oração fervorosa, senti que o Evangelho do Cristo me transformava...

Clareou-se-me a vida íntima e, amparado por braços amigos, fui conduzido a uma instituição de saúde espiritual.

Por dez meses consecutivos, submeti-me a tratamento.

Revigorado, compareci diante de observadores e analistas de nosso plano, junto dos quais o serviço de socorro iniciado em vosso templo, em meu benefício, encontrou a continuação necessária.

Subordinado a operações magnéticas, minha memória religou-se ao passado próximo e revi-me na existência última, encerrada há trinta anos.

Nos primeiros lustros do século corrente, era eu um rapaz egoísta e leviano, amigo da aventura e adversário do trabalho.

Desposei uma jovem rica e inexperiente, com o simples propósito de surripiar-lhe a herança, já que o velhinho, que me seria sogro por alguns dias, abeirava-se do sepulcro, por ocasião de meu matrimônio.

Filha única e órfã de mãe; após o decesso do genitor, minha mulher viu-se dona de considerável fortuna, que tratei de chamar a mim.

Valendo-me de uma procuração que me permitia atuar com plenos poderes, vendi-lhe as propriedades e reuni, em meu nome, a importância de novecentos contos de réis, e abandonei-a, fugindo para a Europa.

A volúpia do ouro e do prazer entonteceu-me a consciência.

Por cinco anos, mantive-me entre o jogo e a dissipação, até que, finalmente, a miséria e a tuberculose me bateram à porta.

Esmagado por atrozes desilusões, regressei ao Brasil, no entanto, surpreendido, vim a saber que minha esposa, incapaz de resistir à extrema pobreza a que fora por mim relegada, confiara-se ao prostíbulo, encontrando a morte num asilo de moléstias contagiosas, poucos dias antes de minha volta ao Rio.

Foi, então, que o remorso terminou a obra que a moléstia começara.

Em tempo breve, as aflições conscienciais me desligaram do vaso físico.

Fantasma do arrependimento e da culpa, deambulei sem consolo nas trevas de minha própria vida mental.

Não encontrava outras visões que não fossem aquelas de minha companheira a acusar-me ou de meus erros a se erguerem, indefinidamente, diante de meus olhos.

Sofri muito até que o socorro divino me atingisse o coração desarvorado.

Tornando ao governo próprio e acordado para os deveres do reajuste, vi-me imbuído da sincera disposição de recuperar-me.

Esperançoso, perguntei por meu futuro, mas nossos instrutores foram unânimes em declarar que ninguém avança sem saldar suas dívidas.

Atordoado, perguntava a mim mesmo por onde recomeçar.

A verdade, porém, surgia clara aos meus olhos.

A esposa desprezada era meu credor número um...

Busquei-a, ansiosamente, contudo, mais infortunada que eu mesmo, permanece ainda anestesiada na delinquência, imantada a cúmplices de ações reprováveis, em furnas tenebrosas das regiões inferiores.

Ela, porém, é o meu credor principal, e, em razão disso, é o ponto básico de minha restauração.

Implorei o socorro da Compaixão Divina e, por intermédio daqueles heróis da beneficência que nos assistem, obtive permissão para nova romagem de luta, junto daquela que espezinhei.

Tomá-la-ei sob minha responsabilidade e transportá-la-ei para o cadinho da experiência humana, em meus braços, inconsciente qual se encontra.

Renasceremos juntos no berço carnal, amparados por um coração materno que já se dispôs a recolher-nos.

Seremos irmãos gêmeos, filhos de um parto duplo.

Ser-lhe-ei o guardião, o tutor e o amigo.

Em plena meninice, sofrerá ela as inibições orgânicas que, pouco a pouco, interná-la-ão num leito de amargura em que possa retificar os desequilíbrios perispiríticos e, assegurando-lhe a manutenção e o consolo, atenderei à regeneração de que necessito.

Conquistarei dificilmente o pão de cada dia para nós ambos.

Renunciarei a quaisquer vantagens nas lides materiais.

Nem aspirações mundanas realizadas, nem sonhos de felicidade atendidos, no aprendizado novo que me cabe desenvolver.

Envergarei a túnica do operário desfavorecido e sacrificado, para descobrir no trabalho a essência da redenção.

E, devotado e contente, montarei guarda à companheira que caiu por minha culpa.

Ser-me-á irmã torturada e querida, por quem devo adiar a concretização de qualquer esperança, no que se refira à minha ventura pessoal.

Entretanto, não lhe sou devedor de simples patrimônio moral, mas, perante as Leis Divinas, devo-lhe, ainda, dinheiro terrestre em moeda brasileira.

Compete-me restituir-lhe a importância que lhe pertencia, acrescida com juros de mora, que pagarei, vintém por vintém, até que nos desvencilhemos do cárcere de nossos débitos, recuperando, enfim, a oportunidade de progredir que, formosa, nos sorria no alvorecer deste século.

Minha palavra, pois, nesta noite, é um adeus e um agradecimento, constituindo igualmente, em nome das Leis de Deus, uma lição que devemos aproveitar.

"Concilia-te depressa com o teu adversário, enquanto estás a caminho com ele."[3]

Quem puder compreender, compreenda, porque o tempo funciona para nós todos, dentro dos mesmos princípios.

Envolvendo, assim, os nossos benfeitores em meu agradecimento, espero abraçar-vos, de novo, amanhã, em Plena Eternidade.

Que Deus nos abençoe.

P. Brandão

[3] Nota do organizador: *Mateus,* 5:25.

14
Renovemo-nos hoje

Rematando as nossas atividades, na noite de 15 de setembro de 1955, fomos agraciados por bênção inesquecível.

Pela primeira vez, em nossa casa, tivemos a visita direta de Cairbar Schutel, o grande apóstolo do Espiritismo que, senhoreando as forças do médium, pronunciou vibrante alocução.

Meus amigos:

Que nosso Senhor Jesus Cristo nos conserve o amor no coração e a luz no cérebro, para que nossas mãos permaneçam vigilantes e diligentes no bem.

Quem assinala os dramas de aflição a emergirem da treva nas sessões mediúnicas percebe facilmente a importância da vida humana como estação de refazimento e aprendizado.

Principalmente para nós, os que procuramos no Espiritismo uma porta iluminada de esperança para o acesso à verdade, a existência na Terra se reveste de subido valor, porque não desconhecemos os perigos da volta à retaguarda.

Sentimos de perto o martírio das criaturas desencarnadas que se deixaram arrastar pelos furacões do crime e o tormento das almas, sem a concha física, que ainda se apegam desvairadamente à ilusão.

Somos testemunhas de culpas e remorsos que passaram impunes diante dos tribunais terrestres, e anotamos a Justiça Imanente, Universal e Indefectível, que confere a cada Espírito o galardão da vitória ou o estigma da derrota, segundo as realizações que edificou para si mesmo.

Sabemos que não vale perguntar com a Ciência, menoscabando a consciência, e não ignoramos que as tragédias e as lágrimas que fazem o inferno, nas regiões sombrias, se originam, de maneira invariável, do sentimento desgovernado e vicioso.

Vede, pois, que, em nos conchegando ao Cristo de Deus, buscando-lhe a inspiração para os nossos serviços e ideais, nada mais fazemos que situar os nossos princípios no lugar que lhes é próprio, porque a nossa Doutrina Renovadora é, sobretudo, um roteiro de aperfeiçoamento do homem, com a sublimação do caráter.

Entre as realidades amargas que nos visitam os templos de intercâmbio e certas predicações de companheiros cultos e entusiastas, mas imperfeitamente acordados para as responsabilidades que lhes competem, lembremo-nos de que quase vinte séculos de Cristianismo verbal viram passar no mundo tronos e estados, organizações e monumentos, guerras e acordos, casas de caridade e santuários de estudo em todas as linhas da civilização do Ocidente, erguendo-se em nome de Jesus e tornando ao pó de que nasceram, tão somente com o benefício da experiência dolorosa, haurida entre a sombra e a desilusão.

Levantemo-nos para a fé que nos redima por dentro.

Deus é o Senhor do Universo e da Natureza, mas determina sejamos artífices de nossos próprios destinos.

Renovemo-nos hoje ao Sol do Evangelho!

Cada qual de nós use a ferramenta das ideias superiores de que já dispõe e de conformidade com a lição de nosso Divino Mestre, estudada por nós nesta noite. Trabalhemos, "enquanto é dia", na preparação do futuro de paz.

O Espiritismo não é um esporte da inteligência.

É um caminho de purificação para a glória eterna.

No cume da montanha que nos compete escalar, aguarda-nos o Senhor como o Sol da Vida.

Desentranhemos, assim, a gema de nossa alma do escuro cascalho da ignorância, para refletir-lhe a Divina Luz!

Cairbar Schutel

15
Acerca da aura humana

Noite de 22 de setembro de 1955.

Com imensa alegria, recebemos pela segunda vez a visita do Professor F. Labouriau que, controlando o médium, nos trouxe valioso estudo acerca da aura humana.

Meus amigos:

Para alinhar algumas notas acerca da aura humana, recordemos o que seja irradiação, na ciência atômica dos tempos modernos.

Temo-la, em nossas definições, como sendo a onda de forças dinâmicas, nascida do movimento que provocamos no espaço, cujas emanações se exteriorizam por todos os lados.

Todos os corpos emitem ondulações, desde que sofram agitação ou que a produzam, e as ondas respectivas podem ser medidas pelo comprimento que lhes é característico, dependendo esse comprimento do emissor que as difunde.

A queda de um grânulo de chumbo sobre a face de um lago estabelecerá ondas diminutas no espelho líquido, mas a imersão violenta de um calhau de grandes proporções criará ondas enormes.

A quantidade das ondas formadas por segundo, pelo núcleo emissor, é o fenômeno que denominamos frequência, gerando oscilações eletromagnéticas que se fazem acompanhar da força de gravitação que lhes corresponde.

Assim é que cada corpo em movimento, dos átomos às galáxias, possui um campo próprio de tensão e influência, constituído pela ondulação que produz.

Para mentalizarmos o que seja um campo de influência, figuremo-nos uma lâmpada vulgar. Toda a área de espaço clareada pelos fótons que arroja de si expressa o campo que lhe é próprio, campo esse cuja influência diminui à medida que os fótons se distanciam do seu foco gerador, fragmentando-se ao infinito.

Qual ocorre com a matéria densa, sob estrita observação científica, nosso espírito é um fulcro de criação mental incessante, formando para si mesmo um halo de eflúvios eletromagnéticos, com o teor de força gravitativa que lhes diz respeito.

Nossos pensamentos, assim, tecendo a nossa auréola de emanações vitais ou a ondulação que nos identifica, representam o campo em que nos desenvolvemos.

Mas se no mundo físico a agitação da matéria primária pode ser instintiva, no plano da inteligência e da razão, em que nos situamos, possuímos na vontade a válvula de controle da nossa movimentação consciente, auxiliando-nos a dirigir a onda de nossa vida para a ascensão à luz ou para a descida às trevas.

Sentimentos e ideias, palavras e atos são recursos íntimos de transformação e purificação da nossa esfera vibratória, de conformidade com a direção que lhes imprimimos, tanto quanto as dores e as provas, as aflições e os problemas são fatores externos de luta que nos impelem a movimento renovador.

Sentindo e pensando, falando e agindo, ampliamos a nossa zona de influência, criando em nós mesmos a atração para o engrandecimento na Vida Superior ou para a miséria na vida inferior, segundo as nossas tendências e atividades para o bem ou para o mal.

Enriqueçamo-nos, pois, de luz, amealhando experiências santificantes pelo estudo dignamente conduzido e pela bondade construtivamente praticada.

Apenas dessa forma regeneraremos o manancial irradiante de nosso espírito, diante do passado, habilitando-nos para a grandeza do futuro.

Constelações e mundos, almas e elementos, todos somos criações de Deus, adstritos ao campo de nossas próprias criações, com o qual influenciamos e somos influenciados, vivendo no campo universal e incomensurável da Força Divina.

Se nos propomos, desse modo, aprimorar nosso cosmo interior, caminhando ao encontro dos tesouros de amor e sabedoria que nos são reservados, sintonizemos, no mundo, a onda de nossa existência com a onda do Cristo, e então edificaremos nas longas curvas do tempo e do espaço o atalho seguro que nos erguerá da Terra aos plintos da gloriosa imortalidade.

F. Labouriau

16
Autoflagelação

Depois de prolongada ausência, o Espírito Dias da Cruz compareceu em nosso grupo, na noite de 29 de setembro de 1955, e, controlando as faculdades do médium, pronunciou notável estudo em torno da autoflagelação, estudo esse que passamos a apresentar.

Meus amigos:

Embora não nos seja possível, por enquanto, apreciar convosco a fisiologia da alma, como seria desejável, de modo a imprimir ampla clareza ao nosso estudo, para breve comentário, em torno da flagelação que muitas vezes impomos, inadvertidamente, a nós mesmos, imaginemos o corpo terrestre como a máquina da vida humana, por meio da qual a mente se manifesta, valendo-se de três dínamos geradores, com funções específicas, não obstante extremamente ligados entre si por fios e condutos de variada natureza.

O ventre é o dínamo inferior.

O tórax é o dínamo intermediário.

O cerebelo é o dínamo superior.

O primeiro recolhe os elementos que lhe são fornecidos pelo meio externo, expresso na alimentação usual, e fabrica uma pasta aquosa, adequada à sustentação do organismo.

O segundo recebe esse material e, combinando-o com os recursos nutritivos do ar atmosférico, transmuta-o em líquido dinâmico.

O terceiro apropria-se desse líquido, gerando correntes de energia incessante.

No dínamo-ventre, detemos a produção do quilo.

No dínamo-tórax, presenciamos a metamorfose do quilo em glóbulo sanguíneo.

No dínamo-cerebelo, reparamos a transubstanciação do glóbulo sanguíneo em fluido nervoso.

Na parte superior da região cerebral, temos o córtex encefálico, representando a sede do espírito, algo semelhante a uma cabine de controle ou a uma secretária simbólica, em que o "eu" coordena as suas decisões e produz a energia mental com que governa os dínamos geradores a que nos reportamos.

O ser humano, desse modo, em sua expressão fisiológica, considerado superficialmente, pode ser comparado a uma usina inteligente, operando no campo da vida, em câmbio de emissão e recepção.

Concentramos, assim, força mental em ação contínua e despendemo-la nos mínimos atos da existência, por meio dos múltiplos fenômenos da atenção com que assimilamos as nossas experiências diuturnas, atuando sobre as criaturas e coisas que nos cercam e sendo por elas constantemente influenciados.

Toda vez, contudo, em que nos tresmalhamos na cólera ou na crueldade, contrariando os dispositivos da Lei de Deus, que é amor, exteriorizamos correntes de enfermidade e de morte, que, atingindo ou não o alvo de nossa intemperança, se voltam fatalmente contra nós, pelo princípio inelutável da atração que podemos observar no ímã comum.

Em nossas crises de revolta e desesperação, de maledicência e leviandade, provocamos sobre nós verdadeira tempestade magnética que nos desorganiza o veículo de manifestação, seja nos círculos espirituais em que nos encontramos, ou na Terra, enquanto envergamos o envoltório de matéria densa, sobre a qual os efeitos de nossas agressões mentais, verbais ou físicas assumem o caráter de variadas moléstias, segundo o ponto vulnerável de nossa usina orgânica, mas particularmente sobre o mundo cerebral em que as vibrações desvairadas de nossa impulsividade mal dirigida criam doenças neuropsíquicas, de diagnose complexa, desde a cefalalgia à meningite e desde a melancolia corriqueira à loucura inabordável.

Toda violência praticada por nós contra os outros significa dilaceração em nós mesmos.

Guardemo-nos, assim, na humildade e na tolerância, cumprindo nossos deveres para com o próximo e para com as nossas próprias almas, porque o julgamento essencial daqueles que nos cercam, em verdade, não nos pertence.

Desempenhando pacificamente as nossas obrigações, evitaremos as deploráveis ocorrências da autoflagelação, em que quase sempre nos submergimos nas trevas do suicídio indireto, com graves compromissos.

Preservando-nos, pois, contra semelhante calamidade, não nos esqueçamos da advertência do nosso Divino Mestre no versículo 41, do capítulo 26, das anotações do Apóstolo Mateus:“Orai e vigiai, para não entrardes em tentação”.

Dias da Cruz

17
A PALAVRA DE JESUS

Reunião de 6 de outubro de 1955.

Na parte final de nossas tarefas, tivemos a alegria de ouvir Meimei, a nossa abnegada irmã de sempre, que nos falou, comovida, sobre a palavra de Jesus.

Meus irmãos.

Deus nos abençoe.

A palavra do Cristo é a luz acesa para encontrarmos na sombra terrestre, em cada minuto da vida, o ensejo divino de nossa construção espiritual.

Erguendo-a, vemos o milagre do pão que, pela fraternidade, em nós se transforma, na boca faminta, em felicidade para nós mesmos.

Irradiando-a, descobrimos que a tolerância por nós exercida se converte nos semelhantes em simpatia a nosso favor.

Distribuindo-a, observamos que o consolo e a esperança, o carinho e a bondade, veiculados por nossas atitudes e por nossas mãos, no socorro aos companheiros mais ignorantes e mais fracos, neles se revelam por bênçãos de alegria, felicitando-nos a estrada.

Geme a Terra, sob o pedregulho imenso que lhe atapeta os caminhos...

Sofre o homem sob o fardo das provações que lhe aguilhoam a experiência.

E assim como a fonte nasce para estender-se, desce o dom inefável de Jesus sobre nós para crescer e multiplicar-se.

Levantemos, cada hora, essa luz sublime para reerguer os que caem, fortalecer os que vacilam, reconfortar os que choram e auxiliar os que padecem.

O mundo está repleto de braços que agridem e de vozes que amaldiçoam.

Seja a nossa presença junto dos outros algo do Senhor inspirando alegria e segurança.

Não nos esqueçamos de que o tempo é um empréstimo sagrado e quem se refere a tempo diz oportunidade de ajudar para ser ajudado, de suportar para ser suportado, de balsamizar as feridas alheias para que as nossas feridas encontrem remédio e de sacrificarmo-nos pela vitória do bem, para que o bem nos conduza à definitiva libertação.

Nós que tantas vezes temos abusado das horas para impor, aos que nos seguem, o Reino do Senhor, à força de reprovações e advertências, saibamos edificá-lo em nós próprios, no silêncio do trabalho e da renúncia, da humildade e do amor.

Meus irmãos, no seio de todos os valores relativos e instáveis da existência humana, só uma certeza prevalece — a certeza da morte, que restitui às nossas almas os bens ou os males que semeamos na alma dos outros.

Assim, pois, caminhemos com Jesus, aprendendo a amar sempre, repetindo com Ele, em nossas proveitosas dificuldades de cada dia: — "Pai Nosso, seja feita a vossa vontade, assim na Terra como nos Céus".

Meimei

18
Apontamentos de amigo

No término das nossas atividades, na reunião da noite de 13 de outubro de 1955, foi nosso amigo André Luiz quem compareceu, por intermédio do médium, induzindo-nos à serenidade e à coragem, com a mensagem seguinte.

Amigos:

Em vossos dias cinzentos, lembrai aqueles irmãos que perambulam nas trevas.

Padecendo as pedras da estrada, recordai os que se encontram atados ao leito imóvel.

Sob o aguaceiro das provas, não vos esqueçais dos que estão soterrados na lama das grandes culpas.

Diante da mesa pobre, refleti nos companheiros sob o flagelo da fome.

Sofrendo a roupa escassa, contemplai as criaturas que a expiação veste de chagas.

Entre as alfinetadas dos dissabores, não olvideis os que tombam sob o punhal da grande miséria.

Não vos aconselheis com a desesperação.

Não vos acomodeis com a rebeldia.

Esperar com paciência, ofertando ao caminho o melhor de nós, é o segredo do grande Triunfo.

O tempo que faz a noite é o tempo que traz o dia.

Para escalar a montanha salvadora, fitemos quem brilha à frente!...

Para não cairmos, aniquilados pelo desânimo, na marcha de cada dia, reparemos quem chora na retaguarda!...

A luta é um instrumento divino.

Não a menosprezeis!...

* * *

Com estas palavras, apresentamos à nossa casa a irmã Francisca Júlia da Silva, que, havendo atravessado aflitivas provações, à morte do corpo físico, atualmente se propõe trabalhar no combate ao suicídio.

Rogamos, assim, alguns minutos de silêncio, a fim de que ela possa transmitir sua mensagem.

André Luiz

Logo após retirar-se, a poetisa anunciada tomou as possibilidades mediúnicas, com maneiras características, e pronunciou o belo soneto que ela própria intitulou com o expressivo apelo — Lutai!

LUTAI

Por mais vos fira o sonho, a rajada violenta
Do temporal de fel que enlouquece e vergasta,
Suportai, com denodo, a fúria iconoclasta
E o granizo cruel da lúrida tormenta.

Carreia a dor consigo a beleza opulenta
Da verdade suprema, eternamente casta;
Recebei-lhe o aguilhão que nos lacera e arrasta,
Ouvindo a voz da fé que vos guarda e apascenta.

De alma erguida ao Senhor varai a sombra fria!...
Por mais horrenda noite, há sempre um novo dia,
Ao calor da esperança — a luz que nos enleva...

A aflição sem revolta é paz que nos redime.

Não olvideis na cruz redentora e sublime

Que a fuga para a morte é um salto para a treva.

Francisca Júlia da Silva

19

O ENTERRADO VIVO

No horário das instruções, em nossas tarefas da noite de 20 de outubro de 1955, o Espírito M. Silva, trazido por benfeitores espirituais, veio até nós, ofertando-nos o relato de sua dolorosa experiência, que nos serviu de material a valiosas meditações e que passamos ao estudo de nossos leitores.

Enterrado vivo!

Enquanto no corpo carnal, respirando o ar livre e puro, não mentalizareis o sofrimento encerrado nestas duas palavras.

O despertar no sepulcro, o estreito espaço do esquife, a treva subterrânea, o ruído estranho e indefinível dos vermes a se movimentarem no grande silêncio, a asfixia irremediável e a agonia do pavor, ultrapassando a agonia da morte!...

Além de tudo, comigo, o estrangulamento terminava para, em seguida, reaparecer.

A cada espasmo de angústia, sucedia-me nova crise de sufocação.

E, de permeio aos estertores que pareciam intermináveis, acusadoras vozes gritavam-me aos ouvidos:

— Maldito!

— Não te erguerás do túmulo...

— Morre de novo!

— Morre sempre!

— O inferno é insuficiente para a extensão de minha vingança!

As horas eram séculos de tortura mental.

Pouco a pouco, no entanto, adelgaçaram-se as trevas em derredor e pude ver, enfim, o duende que me atormentava.

Ah! lembrei-me, então, de tudo...

Era um padre como eu mesmo. O padre José Maria.

E a tragédia de quarenta anos antes reconstituiu-se-me na memória.

Eu era um sacerdote, assaz moço, quando fui designado para substituí-lo numa paróquia do interior. Doente e envelhecido, morava ele em companhia de uma sobrinha-neta, a jovem Paulina, cujos dotes de mulher me seduziram, desde logo, a atenção.

Com as facilidades da convivência e suportando embora os escrúpulos da minha condição, ela e eu, depois de algum tempo, compartilhávamos o mesmo afeto, com graves compromissos.

Transcorridos alguns meses de felicidade mesclada de preocupação, certa noite, achando-nos a sós, o enfermo chamou-me a contas.

Não seria mais justo arrepiar caminho?

Como adotara semelhante procedimento sob o teto que me acolhera?

Diante das inflexíveis e duras palavras dele, entreguei-me à ira, e agredi-o sem consideração. Contudo, à primeira bofetada de minha covardia, o doente tombou, cadaverizado.

Entorpecido de espanto, deixei que a versão do colapso cardíaco crescesse no ânimo de nossos domésticos. E, ocultando cuidadosamente a altercação havida, recebi do médico as anotações do óbito, presidindo aos funerais com eficiência.

Findos os primeiros sete dias de estupor e desolação, quando eu rezava a missa em memória do morto, eis que Paulina, asseverando enxergar o tio, enlouqueceu de inesperado, acabando a sua curta e infortunada existência no hospício.

Desde essa época até a estação do sepulcro, meus dias rolaram tristes e vazios como sói acontecer com todos os padres que usam a fé religiosa nos lábios, sem vivê-la no coração.

Ah! somente naquele minuto terrível de reencontro, compreendi que o velho companheiro havia atravessado os tormentos do enterrado vivo, que eu também experimentava naquelas circunstâncias para ressarcir meu torvo débito.

O choque, porém, deslocou-me dos panos repelentes do túmulo.

Senti-me inexplicavelmente libertado dos ossos que ainda me apresavam e, trazido ao solo comum, respirei, por fim, o ar doce e leve da noite.

Ajoelhei-me contrito aos pés de meu credor e debalde supliquei piedade e perdão.

O antigo sacerdote, indignado, desafiou-me ao revide.

Não pude fugir à reação e engalfinhamo-nos em franco pugilato, mas nas mãos do padre José Maria, talvez alentados pela vingança, os dedos estavam convertidos em garras dilacerantes...

Humilhado e vencido, confiei-me às lágrimas...

Em preces de arrependimento e compunção, roguei socorro...

Fui então recolhido por nossos benfeitores e, junto deles, minha odisseia desceu da culminância...

Internado num hospital e admitido a uma escola, tenho hoje a segurança que me conforta e a lição que me reergue; no entanto, quando retorno ao campo humano, seguindo, de perto, a equipe dos missionários do bem e da luz que nos amparam, sou novamente surpreendido pelo adversário que me procura e persegue sem repouso.

Ainda agora, em vos dirigindo a palavra, ei-lo fora do círculo magnético em que a oração nos protege, exclamando, desesperado:

— Maldito sejas! Teu crime é tua sombra!...

Como vedes, sou um companheiro que vos fala da retaguarda.

Um homem desencarnado, entre os raios da esperança e os tormentos da culpa...

Tenho a cabeça buscando as auras do Céu e os pés chumbados ao inferno que estabeleci para mim mesmo...

Para ser exato em minhas assertivas, não tenho ainda qualquer plano para o futuro, nem sei como apagar o incêndio de minhas velhas dívidas...

Sou apenas um náufrago no oceano imenso das provas, recolhido, por mercê da Divina Providência, na embarcação da caridade, suspirando pela bênção da volta à vida física.

Enamorado da reencarnação que hoje vos enriquece e obedecendo aos instrutores amigos que nos inspiram, por agora, posso dizer-vos tão somente:

— Amigos, atendamos ao Evangelho do Cristo, valorizai vossa luta e abstende-vos do mal.

M. Silva

20
A IDEIA

Na fase terminal de nossa reunião de 27 de outubro de 1955, fomos honrados com a palavra do nosso benfeitor Emmanuel, que nos transmitiu a preciosa alocução, abaixo transcrita.

Meus amigos:

A ideia é um elemento vivo de curta ou longa duração que exteriorizamos de nossa alma e que, exprimindo criação nossa, forma acontecimentos e realizações, atitudes e circunstâncias que nos ajudam ou desajudam, conforme a natureza que lhe venhamos a imprimir.

Força atuante — opera em nosso caminho, enquanto lhe asseguramos o movimento.

Raio criador — estabelece atos e fatos em nosso campo de ação, enquanto lhe garantimos o impulso.

Expressa flor ou espinho, pão ou pedra, asa ou algema, que arremessamos na mente alheia e que retornarão, inevitavelmente, até nós, trazendo-nos perfume ou chaga, suplício ou alimento, cadeia ou liberdade.

O crime é uma ideia-flagelação que não encontrou resistência.

A guerra de ofensiva é um conjunto de ideias-perversidade, senhoreando milhares de consciências.

O bem é uma ideia-luz, descerrando à vida caminhos de elevação.

A paz coletiva é uma coleção de ideias-entendimento, promovendo o progresso geral.

É por essa razão que o Evangelho representa uma glorificada equipe de ideias de amor puro e fé transformadora, que Jesus trouxe à esfera dos homens, erguendo-os para o Reino Divino.

Na manjedoura, implanta o Mestre a ideia da humildade.

Na carpintaria nazarena, traça a ideia do trabalho.

Nas bodas de Caná, anuncia a ideia do auxílio desinteressado à felicidade do próximo.

No socorro aos doentes, cria a ideia da solidariedade.

No sermão das bem-aventuranças, plasma a ideia de exaltação dos valores imperecíveis do espírito sobre a exaltação passageira da carne.

No Tabor, revela a ideia da sublimação.

No Jardim das Oliveiras, insculpe a ideia da suprema lealdade a Deus.

Na cruz da renunciação e da morte, irradia a ideia do sacrifício pessoal pelo bem dos outros, como bênção de ressurreição para a imortalidade vitoriosa.

Nos mínimos lances do apostolado de Jesus, vemo-lo associando verbo e ação no lançamento das ideias renovadoras com que veio redimir o mundo.

E é por isso que, em nossas tarefas habituais, precisamos selecionar em nossas manifestações as ideias que nos possam garantir saúde e tranquilidade, melhoria e ascensão.

Não nos esqueçamos de que nossos exemplos, nossas maneiras, nossos gestos e o tipo de palavras que cunhamos para uso de nossa boca geram ideias, que, à maneira de ondas criadoras, vão e vêm, partindo de nós para os outros e voltando dos outros para nós, com a qualidade de sentimento e pensamento que lhes infundimos, levantando-nos para o triunfo ou impulsionando-nos para a derrota.

Evitemos o calão, a queixa, a irritação, o apontamento insensato, a gíria deprimente e a frase pejorativa, não apenas em nosso santuário de preces, mas em nosso intercâmbio vulgar, porque toda expressão conduz à inspiração e pagaremos alto preço pela autoria indireta do mal.

Somos hoje responsáveis pela ideia do Senhor no círculo de luta em que nos situamos. E é indispensável viver à procura do Cristo, para que a ideia do Cristo viva em nós.

Emmanuel

21

Noite de finados

Terminávamos nossas lides espirituais da noite de 3 de novembro de 1955, quando notável surpresa nos felicitou os corações.

Pela primeira vez em nossa casa, o Espírito Augusto dos Anjos, o inesquecível poeta paraibano, se utilizou das faculdades psicofônicas do médium, transmitindo-nos o poema aqui transcrito, por ele pronunciado com inflexão de profunda emotividade e grande beleza.

Finados. Noite. Em lúgubres acentos,
Passa ululando horrenda ventania,
Cantochão estendendo a nevoa fria
Na cidade dos vermes famulentos.

Avançam larvas com medonha fúria,
Insensíveis ao fausto das legendas,

Congestionando o chão aberto em fendas,
No pungente festim da carne espúria.

Dormem anjos de pedra sobre as lousas...
Dos mausoléus ao solo miserando,
Choram rosas e goivos, irmanando
A poeira da carne e o pó das cousas.

De aprimorados nichos e capelas
Que definem o brio dos coveiros,
Envolvendo ciprestes e salgueiros,
Sai o cheiro de morte que há nas velas.

O doloroso pio das corujas,
Como sinal soturno em fim de festa,
Da glória humana é tudo quanto resta
Nos mármores que guardam cinzas sujas.

Ao nosso olhar, no quadro em desconforto,
Estranhos círios luzem comovidos:
São as preces vazadas nos gemidos
De quem sofre no mundo amargo e morto.

São as flores do pranto agro e sem nome
Que a saudade verteu, desfalecida,
Atrelada à esperança de outra vida
Para a vida de angústia que a consome.

Aqui, apelos desconsoladores
Lembram noivas e mães infortunadas...
Mais além, petições desesperadas
Trazem consigo o fel das grandes dores.

Desce, porém, do Espaço almo e profundo
A luminosa e bela romaria
Dos mortos que renascem na alegria
Em socorro dos mortos deste mundo.

Chamas divinas da Divina Chama,
Entrelaçam-se em torno à Terra obscura,
Despertando os que jazem na amargura
Dos sepulcros carnais de treva e lama.

Trazem cantando o lábaro fremente
Do amor universal que tudo aquece,
Clamando para a dor da humana espécie:
— Somos filhos de Deus eternamente.

Finados!... Grita a morte estranha e crua
Na química fatal do transformismo.
Mas, transposto o cairel do grande abismo,
Eis que a Vida Infinita continua...

Augusto dos Anjos

22
Aviso oportuno

Nas tarefas da noite de 10 de novembro de 1955, profunda alegria felicitou-nos o grupo em prece.

Pela vez primeira, o inolvidável companheiro Inácio Bittencourt visita-nos a casa. Senhoreando as possibilidades do médium, o grande lidador do Espiritismo no Brasil dirige-nos a sua palavra clara e incisiva, concitando-nos às responsabilidades que nos competem na Doutrina de Luz que abraçamos.

Meus amigos: Louvado seja o Senhor.

Em minha última romagem no campo físico, mobilizando os poucos préstimos de minha boa vontade, devotei-me ao serviço da cura mediúnica; no entanto, desencarnado agora, observo que a turba de doentes, que na Terra me feria a visão, aqui continua da mesma sorte, desarvorada e sofredora.

Os gemidos no reino da alma não são diferentes dos gemidos nos domínios da carne.

E dói-me o coração reparar as filas imensas de necessitados e de aflitos a se movimentarem depois do sepulcro, entre a perturbação e a enfermidade, exigindo assistência.

É por esta razão, hoje reconhecemos, que acima do remédio do corpo temos necessidade de luz no espírito.

Sabemos que redenção expressa luta. E que resultados colheremos no combate evolutivo, se os soldados e obreiros das nossas empresas de recuperação jazem desprevenidos e vacilantes, infantilizados e trôpegos?

Nas vastas linhas de nossa fé, precisamos armar-nos de conhecimento e qualidade que nos habilitem para a vitória nas obrigações assumidas. Conhecimento que nasça do estudo edificante e metódico, e qualidade que decorra das atitudes firmes na regeneração de nós mesmos.

Devotamento à lição que ilumine e à atividade que enobreça.

Indubitavelmente, ignoramos por quanto tempo ainda reclamaremos no mundo o concurso da medicina e da farmácia, do bálsamo e do anestésico, da água medicamentosa e do passe magnético, à feição de socorro urgente aos efeitos calamitosos dos grandes males que geramos na vida, cujas causas nem por isso deixarão de ser removidas por nós mesmos, com a cooperação do tempo e da dor.

Mas, porque disponhamos de semelhante alívio, temporário embora, não será lícito olvidar que o presente de serviço é a valiosa oportunidade de nossa edificação.

A falta de respeito para com a nossa própria consciência dá margem a deploráveis ligações com os planos inferiores, estabelecendo, em nosso prejuízo, moléstias e desastres morais, cuja extensão não conseguimos sequer pressentir; e a ausência de estudo acalenta em nossa estrada os processos da ignorância, oferecendo azo às mais audaciosas incursões da fantasia em nosso mundo mental, como sejam: a acomodação com fenômenos de procedência exótica, presididos por rituais incompatíveis com a pureza de nossos princípios, o indevido deslumbramento diante de profecias mirabolantes e a conexão sutil com Inteligências desencarnadas menos dignas, que se valem da mediunidade incauta e ociosa entre os homens para a difusão de notícias e mensagens supostamente respeitáveis, pela urdidura fantasmagórica, e que encerram em si o ridículo finamente trabalhado, com o evidente intuito de achincalhar o ministério da verdade e do bem.

A morte não é milagre e o Espiritismo desceu à Humanidade terrestre com o objetivo de espiritualizar a alma humana.

Evitemos proceder como aquele artífice do apólogo, que pretendia consertar a vara torta buscando aperfeiçoar-lhe a sombra.

Iluminemos o santuário de nossa vida interior e a nossa presença será luz.

Eis a razão por que, em nos comunicando convosco, reportamo-nos aos quadros dolorosos que anotamos aqui, na esfera dos ensinamentos desaproveitados, para destacar o impositivo daquela oração e daquela vigilância, perenemente lembradas a nós todos pela advertência do nosso Divino Mestre, a fim de que estejamos seguros no discernimento e na fé, na fortaleza e na razão, encarando o nosso dever face a face.

Inácio Bittencourt

23
Obsessão oculta

Na parte final da nossa reunião de 17 de novembro de 1955, fomos novamente honrados com a visita do Dr. Dias da Cruz, que nos brindou com brilhantes ensinamentos, alusivos à obsessão oculta.

Elaborando alguns apontamentos, em torno da obsessão oculta, cabe-nos recordar que sugestão, a rigor, é a influência que a ideia positiva do magnetizador desenvolve sobre a mente passiva do hipnotizado, criando nele estados alucinatórios, dos quais podem partilhar todas as potências do seu cosmo orgânico.

Justo ponderar, contudo, que o fenômeno não é privativo de escolas especializadas ou dos grandes magnetologistas do passado ou do presente.

Qual acontecia em recuadas épocas, nos templos da iniciação egípcia, a sugestão ainda hoje se reveste de inconcebível importância, em todos os planos de nossa vida, mesmo porque toda a vida, no fundo, é processo mental em manifestação.

Desde a mais remota antiguidade, a Goétia ou magia negra, filha da ignorância, dela se vale para estabelecer entre os homens o domínio dos seres que se bestializam nas trevas.

E o culto à suprema Divindade ou à Religião, filha dos mais altos ideais da Humanidade, da sugestão se aproveita para garantir o serviço de sublimação das almas, por intermédio da comunhão com as forças da luz.

Como é fácil apreender, repetimos, o papel da sugestão é de incalculável alcance em todos os episódios de nossa marcha nas províncias da evolução, particularmente nas faixas da experiência terrestre, de vez que o tempo da alma encarnada se divide em duas fases distintas — a vigília e a hipnose, ou seja, sensório desperto e sono físico.

Não desconhecemos que o homem, examinado em seu aspecto puramente fisiológico, pode ser definido como uma bateria complexa, associando e desassociando cargas de eletricidade, porquanto traz consigo, em expressiva porção, ácidos e álcalis, metais e ametais, em diversos valores químicos, cujas trocas asseguram o metabolismo eficiente dos recursos hormoniais.

Indiscutivelmente, o regime alimentar e a respiração, a temperatura e a ginástica são fatores que podem provocar sensíveis alterações na harmonia elétrica da criatura humana, entretanto, a causa da renovação para o bem ou da perturbação para o mal reside em cada um de nós, de maneira mais íntima, nas correntes de ideias que assimilamos.

Qual ocorre à matéria, que se transforma incessantemente, ao impacto de raios múltiplos, nos reinos inferiores da Natureza, o Espírito se adensa na sombra ou se sutiliza na luz, sob o império dos raios mentais que elege para combustível de suas emoções mais profundas.

Reportamo-nos a semelhantes considerações para salientar o impositivo de nossa vigilância em todos os estados passivos de nossa alma, porque, através da meditação e do sono, nos identificamos, muita vez de modo imperceptível, com os pensamentos que nos são sugeridos pelas Inteligências desencarnadas ou não, que se afinam conosco e, se não nos guardamos na fortaleza das obrigações retamente cumpridas, caímos sem dificuldade nas malhas da obsessão oculta, transformando-nos em agentes da irresponsabilidade e da cegueira de espírito, por despenhar-nos, inconscientemente, em desequilíbrios imanifestos, cujos resultados somente se expressarão, mais tarde, pelos princípios de causa e efeito, nos torturados labirintos da patogenia obscura, em nosso campo individual.

Lembremo-nos, assim, de que se o obsidiado confesso é alguém armado pela aflição e pelo sofrimento, para o combate às forças da treva, a vítima da obsessão oculta, quase sempre, é a loucura mascarada de bom senso, acarretando, por onde passe, desastres e problemas morais para si e para os outros.

É por esse motivo que, convidando-vos ao nosso permanente programa de oração e estudo nobre, de fraternidade e serviço constante, a fim de que estejamos sob a regência das Sugestões de Cima, encerramos nossas breves anotações, rememorando as inesquecíveis palavras do Apóstolo Paulo, no versículo 14 do capítulo 5, de sua carta aos efésios: "Desperta, ó tu que dormes, e, levantando-te dentre os mortos, o Cristo te esclarecerá".

Dias da Cruz

24
A PRECE DE CERINTO

Quantos venham a ler a mensagem constante deste capítulo, decerto nem de longe experimentarão a surpresa de nosso grupo, em cuja intimidade Cerinto, o amigo espiritual que no-la transmitiu, caminhou, pouco a pouco, da sombra para a luz.

A princípio, era um Espírito atrabiliário e revoltado, chegando mesmo a orientar vastas falanges de irmãos conturbados e infelizes, ainda enquistados na ignorância.

Discutia acerbamente. Criticava. Blasfemava.

De nossos entendimentos difíceis, manda a caridade nos detenhamos no silêncio preciso.

Surgiu, porém, o dia em que a influência de nossos benfeitores espirituais se revelou plenamente vitoriosa.

Cerinto modificou-se e transferiu-se de plano mental, marchando agora ao nosso lado, sedento de renovação e luz como nós mesmos.

Foi por isso com imensa alegria que lhe registramos a comovente rogativa, por ele pronunciada em nossa reunião da noite de 24 de novembro de 1955.

Senhor de Infinita Bondade.

No santuário da oração, marco renovador do meu caminho, não te peço por mim, Espírito endividado, para quem reservaste os tribunais de tua Excelsa Justiça.

A tua compaixão é como se fora o orvalho da esperança em minha noite moral e isso basta ao revel pecador que tenho sido.

Não te peço, Senhor, pelos que choram.

Clamo por teu amor, a benefício dos que fazem as lágrimas.

Não te venho pedir pelos que padecem.

Suplico-te a bênção para todos aqueles que provocam o sofrimento.

Não te lembro os fracos da Terra.

Recordo-te quantos se julgam poderosos e vencedores.

Não intercedo pelos que soluçam de fome.

Rogo-te amor para os que furtam o pão.

Senhor Todo-Bondoso!...

Não te trago os que sangram de angústia.

Relaciono diante de ti os que golpeiam e ferem.

Não te peço pelos que sofrem injustiças.

Rogo-te pelos empreiteiros do crime.

Não te apresento os desprotegidos da sorte.

Depreco teu amparo aos que estendem a aflição e a miséria.

Não te imploro mercê para as almas traídas.

Exoro-te o socorro para os que tecem os fios envenenados da ingratidão.

Pai Compassivo!...

Estende as mãos sobre os que vagueiam nas trevas...

Anula o pensamento insensato.

Cerra os lábios que induzem à tentação.

Paralisa os braços que apedrejam.

Detém os passos daqueles que distribuem a morte...

Ajuda-nos a todos nós, os filhos do erro, porque somente assim, ó Deus Piedoso e Justo, poderemos edificar o paraíso do bem com todos aqueles que já te compreendem e obedecem, extinguindo o inferno daqueles que, como nós, se atiraram, desprevenidos, aos insanos torvelinhos do mal!...

Cerinto

25
UM CASO SINGULAR

Noite de 1º de dezembro de 1955.

Com grande reconforto para o nosso grupo, quem comparece para o serviço de instrução é o Espírito Luís Alves, que, em estado de sofrimento, se comunicara anteriormente, em nossa agremiação.

Comovendo-nos a todos, ofereceu-nos a sua história, que ele mesmo considerou como "um caso singular".

Meus amigos:

Chamo-me Luís Alves, e, trazido ao recinto por devotados instrutores, recomendam que eu vos fale alguma coisa acerca de meu caso, que, indiscutivelmente, se partisse de outra criatura, talvez não me recebesse crédito algum, na hipótese de encontrar-me ainda encarnado entre os homens.

Tão triste quão bizarra, minha história provoca impressões diversas, desde a agonia ao riso franco, fazendo de mim um sofredor e um truão.

Muitas almas aparecem no berço a fim de lutar. E muitas se escondem no sepulcro para aprender.

Nasci na Terra para cumprir determinada tarefa no socorro aos doentes, sob o signo da solidão individual, para que mais eficiente se tornasse meu concurso em benefício dos outros, porém, em chegando aos 30 de idade, e vendo-me pobre e sozinho, apesar dos múltiplos trabalhos de enfermagem que me angariavam larga soma de afetos, entreguei-me, acovardado, ao desespero e, com um tiro no coração, aniquilei meu corpo.

Ah! meus amigos, desde esse instante, começou a minha odisseia singular, porque me reconheci muito mais vivo do que antes, continuando ligado à minha carcaça inerte.

Não dispunha de parentes ou de amigos que me solicitassem os despojos. Entregue a uma escola de Medicina, chumbado ao meu corpo, passei a servir em demonstrações anatômicas.

Completamente anestesiado, ignorava as dores físicas, não obstante cortado de muitos modos; contudo, se tentava afastar-me da múmia que passara a ser minha sombra, o terrível sofrimento, a expressar-se por inigualável angústia, me constringia o peito, compelindo-me a voltar.

Dezenas de médicos jovens estudavam em minhas vísceras os problemas operatórios que lhes inquietavam a mente indecisa, alegando que meus tecidos cadavéricos eram sempre mais vivos e mais consistentes, mal sabendo que a minha presença constante lhes mantinha a coesão.

Ninguém na Terra, enquanto no corpo denso, pode calcular o martírio de um Espírito desencarnado, indefinidamente jungido aos próprios restos.

Minha aflição parecia não ter fim.

Chorava, gritava, reclamava... Mas, por resposta da vida, era objeto diário da atenção dos estudantes de cirurgia, que procuravam em mim o auxílio indireto para a solução de enigmas profissionais a favor de numerosos doentes.

Ouvia a meu respeito incessantes observações que variavam do carinho ao sarcasmo e do ridículo à compaixão.

Muitos me fitavam com piedoso olhar, mas muitos outros me sacudiam de vergonha e de sofrimento, por meio dos pensamentos e das palavras com que me feriam e ofendiam a dolorosa nudez.

Com o transcurso do tempo, desgastou-se-me a vestimenta de carne nas atividades de cobaia, mas, ainda assim, professores e médicos afeiçoaram-se-me ao esqueleto, que diziam original e bem-posto, e prossegui em meu cárcere oculto.

Habitualmente assediado por aprendizes e estudiosos diversos, suportava, além disso, constante visitação de almas desencarnadas, viciosas e vagabundas, que me atiravam em rosto gargalhadas estridentes e frases vis.

Vinte e seis anos decorreram sobre meu inominável infortúnio, quando, certo dia, a desfazer-me em pranto, recordei velho amigo — o nosso Mitter.[4]

Bastou isso e ele me apareceu eufórico e juvenil, como nos tempos da mocidade primeira.

Compadecido, ouviu-me a horrenda história e, aplicando as mãos sobre mim, conseguiu libertar-me dos ossos, trazendo-me a vossa casa.

Respirei aliviado.

---

4 Nota do organizador: Amigo espiritual que, por vezes, empresta valiosa cooperação ao nosso Grupo.

Como que a refundir-me num corpo diferente do meu, que ele designou como "um instrumento mediúnico", consegui, enfim, chorar e clamar por socorro.

Vossas palavras e vossas preces, ao influxo dos benfeitores que nos assistem, operaram em mim o inesperado milagre...

Reconfortei-me, reaqueci-me...

De volta ao meu domicílio, depois de passar por algumas horas em vosso templo de caridade, vim a saber que, graças a Deus, apesar do suicídio, em meu tremendo suplício moral conseguira cumprir a tarefa de amparo aos enfermos durante o tempo previsto.

De regresso a casa, oh! grande felicidade!... Doutor Mitter e eu observamos que com a minha ausência o velho arcabouço, apesar de protegido com segurança, se arrojara ao piso da sala, partindo-se-lhe a grande coluna.

Meu coração pulsava de alegria, porque a minha insubmissão não conseguira modificar o aresto justo da Lei...

E naquela hora meu júbilo acentuara-se, porque à maneira do pássaro, agora livre, fitava feliz a gaiola desfeita.

Banhava-se a paisagem no sol de rutilante manhã.

Um velho professor penetrou o recinto, sendo abraçado por nosso amigo, que lhe segredou algo, confidencialmente, aos ouvidos.

O encanecido preceptor não nos viu e nem ouviu com os sentidos corpóreos, mas registrando a palavra do benfeitor, em forma de intuição, ordenou que os meus velhos ossos fossem queimados como resíduo inútil.

Desde então, livre e calmo, consagrei-me a vida nova e, visitando-vos na noite de hoje, para exprimir-vos jubilosa gratidão, ofereço-vos meu caso, não para que venhamos a rir ou a chorar, mas simplesmente a pensar.

Luís Alves

26
Diante do Cristo

Com imensa alegria fomos visitados, na noite de 8 de dezembro de 1955, por novo mensageiro da Espiritualidade superior. Esse mensageiro foi o Espírito Dr. Alexandre Melo Morais que, controlando as possibilidades mediúnicas, pronunciou a brilhante alocução que prazerosamente reproduzimos neste capítulo.

Diante do Cristo encontra-se o homem à frente da luz do mundo.

Antes dele, embora a ciência de Hermes, a filosofia de Sócrates e a religião de Buda, que lhe foram excelsos mensageiros, a vida no mundo era a absoluta dominação da conquista.

Tenebrosa noite envolvendo o sentimento, rios de sangue afogando a cerebração...

Ei-lo, no entanto, que se manifesta no trono da humildade, convidando as nações à glória da sabedoria e do amor.

Seu programa divino, a espelhar-se no Evangelho que lhe reúne as boas-novas da salvação, preconiza a fraternidade ao invés do egoísmo, a renúncia edificante em vez da posse inútil, o perdão em lugar da vingança, o trabalho com a supressão da inércia, a liberdade com o olvido da escravidão, e o auxílio à felicidade dos outros, como garantia da própria felicidade.

Defendendo-lhe o código de luz, de Tibério a Diocleciano, milhares e milhares de criaturas sofrem a flagelação e a morte no decurso de quase trezentos anos.

Além disso, desde a conversão de Constantino, em 312, até a morte de Isaac II, em 1204, do Ocidente ao Oriente todas as gerações de príncipes e guerreiros senhorearam a casta dos sacerdotes, oprimindo as lições do Senhor.

E desde a perseguição ordenada por Inocêncio III contra os albigenses, em 1209, até a Revolução Francesa, a casta dos sacerdotes, por meio de todos os processos da imposição inquisitorial, senhoreou as gerações de príncipes e guerreiros, deturpando os ensinamentos do divino Enviado.

Durante quinze séculos sucessivos, os religiosos e os políticos, com justas exceções, empenharam-se ao dogmatismo e à violência, à crueldade e à devassidão, à vindita e ao banditismo coroado.

Eis, porém, que, na atualidade, com a evolução do Direito, acalentado ao sol dos princípios cristãos, culminando na extinção do cativeiro organizado, no seio de todos os povos cultos da Terra, temos no Espiritismo o Cristianismo renascente, concitando-nos, de novo, ao reinado do amor e da sabedoria.

Qual aconteceu ao próprio Evangelho, a Doutrina que o revive nasce sem guerras de sangue e lágrimas...

A fonte da Verdade e do Bem sulca o terreno moral do mundo, ao alcance de ignorantes e sábios, felizes e infelizes, justos e injustos.

Até ontem, à face da aventura política dominando tribunais e escolas, casernas e santuários, era de todo impraticável a experiência cristã na vida individual.

Hoje, entretanto, com o avanço da ideia religiosa que nos cabe preservar nobre e livre, pela dignificação e excelência de nossa conduta, conseguimos empreender o nosso reencontro com Jesus, elegendo-o Mestre Incomparável de nossos destinos, podendo reverenciá-lo cada dia em nosso próprio espírito, repetindo a antiga saudação dos primeiros seguidores da Boa-Nova — "Salve Cristo!" — não mais com o objetivo de empunhar, de imediato, a palma do martírio e da morte, mas, a fim de viver e servir com o nosso Mestre e Senhor para a eternidade.

Alexandre Melo Morais

27
Rogativa de Natal

Finalizando as nossas atividades na noite de 15 de dezembro de 1955, foi Emmanuel, o nosso benfeitor de sempre, quem compareceu, por meio da organização mediúnica, deixando-nos expressiva oração de Natal.

Senhor Jesus!

Quando chegaste à Terra, por meio dos panos da manjedoura, aguardava-te a Escritura como sendo a luz para os que jazem assentados nas trevas!...

E, em verdade, Senhor, as sombras dominavam o mundo inteiro...

Sombras no trabalho, em forma de escravidão...

Sombras na justiça, em forma de crueldade...

Sombras no templo, em forma de fanatismo...

Sombras na governança, em forma de tirania...

Sombras na mente do povo, em forma de ignorância e de miséria...

Pouco a pouco, no entanto, ao clarão de tua Infinita Bondade, quebraram-se as algemas da escravidão, transformou-se a crueldade em apreciáveis direitos humanos, transmudou-se o fanatismo em fé raciocinada, converteu-se a tirania em administração e, gradualmente, a ignorância e a miséria vão recebendo o socorro da escola e da solidariedade.

Entretanto, Senhor, ainda sobram trevas no amor, em forma de egoísmo!

Egoísmo no lar...

Egoísmo no afeto...

Egoísmo na caridade...

Egoísmo na prestação de serviço...

Egoísmo na devoção...

Mestre, dissipa o nevoeiro que nos obscurece ainda os horizontes e ensina-nos a amar como nos amaste, sem buscar vaidosamente naqueles que amamos o reflexo de nós mesmos, porque, somente em nos sentindo verdadeiros irmãos uns dos outros, é que atingiremos, com a pura fraternidade, a nossa ressurreição para sempre.

EMMANUEL

28

SÚPLICA DE NATAL

Na noite de 22 de dezembro de 1955, finalizávamos as tarefas da reunião e as atividades do ano, quando José Xavier, o nosso companheiro de sempre, nos anunciou a presença da poetisa Cármen Cinira, que, segundo a palavra do nosso amigo, vinha orar conosco.

Fizemos silêncio e, em breves minutos, com a voz e com os gestos que lhe são característicos, Cármen Cinira ocupou o canal psicofônico, emocionando-nos intensamente com a oração que abaixo transcrevemos.[5]

Senhor, tu que deixaste a rutilante esfera

Em que reina a beleza e em que fulgura a glória,

Acolhendo-te, humilde, à palha merencória

Do mundo estranho e hostil em que a sombra ainda impera;

[5] Nota do organizador: Explicaram nossos instrutores que a poesia não constitui uma despedida formal, e sim uma prece da estimada irmã que se prepara atualmente, à luz do Evangelho, para esposar as lides de nova reencarnação terrestre.

Tu que por santo amor deixaste a primavera
Da luz que te consagra o poder e a vitória,
Enlaçando na Terra o inverno, a lama e a escória
Dos que gemem na dor implacável e austera...

Sustenta-me na volta à escura estrebaria
Da carne que me espera em noite rude e fria,
Para ensinar-me agora a senda do amor puro!...

E que eu possa em teu nome abraçar, renovada,
A redentora cruz de minha nova estrada,
Alcançando contigo a ascensão do futuro.

CÁRMEN CINIRA

29

O HOMEM E O TEMPO

Terminávamos as nossas atividades na noite de 5 de janeiro de 1956, quando fomos tomados de grande alegria. Pela primeira vez em nossa casa, compareceu o grande poeta português Antero de Quental à manifestação psicofônica, e, usando mímica e inflexão singularíssimas, ditou os dois sonetos intitulados "O Homem e o Tempo" que, ainda hoje, nos tocam profundamente a sensibilidade.

I

Disse o homem ao Tempo: — Ó gênio triste!

Onde a tua caverna horrenda e escura?

Por que trazes velhice e desventura

À minha carne que te não resiste?

Abomino-te a clava estranha e dura
Que dilacera tudo quanto existe!...
Por que razão me segues, lança em riste,
Estendendo-me as noites de amargura?

Por que fazes o riso envolto em pranto
E derramas o fel do desencanto
No doce vinho da felicidade?

Quem és tu? Monstro ou deus, arcanjo ou fera?
Onde o ninho de sombra que te espera
Nos remotos confins da Eternidade?!

II

Mas o Tempo exclamou: — Ergue-te e lida!...
Sou o pajem divino que te exorta

A seguir para os Céus, de porta em porta,
Amparando-te os passos na subida...

Eras apenas larva indefinida
Quando arranquei-te à treva fria e morta.
Desde então, sou a luz que te transporta,
De forma em forma, para a Grande Vida.

Dou-te alegria e dor, miséria e glória,
Para que guardes, puro, na memória,
O amor de Deus que, em tudo, anda disperso...

Louva o trabalho que te imponho aos dias.
Sem meus braços, irmão, não passarias
De um verme preso às furnas do Universo.

Antero de Quental

30
Alcoólatra

Reunião da noite de 12 de janeiro de 1956.

Emocionadamente, o nosso grupo recebeu a visita de Joaquim Dias, pobre Espírito sofredor que nos trouxe o doloroso relato de sua experiência, da qual recolhemos amplo material para estudo e meditação...

Alcoólatra!

Que outra palavra existirá na Terra, encerrando consigo tantas potencialidades para o crime?

O alcoólatra não é somente o destruidor de si mesmo. É o perigoso instrumento das trevas, ponte viva para as forças arrasadoras da lama abismal.

O incêndio que provoca desolação aparece numa chispa.

O alcoolismo que carreia a miséria nasce num copinho.

De chispa em chispa, transforma-se o incêndio em chamas devoradoras.

De copinho a copinho, o vício alcança a delinquência.

Hoje, farrapo de alma que foi homem, reconheço que, ontem, a minha tragédia começou assim...

Um aperitivo inocente...

Uma hora de recreio...

Uma noite festiva...

Era eu um homem feliz e trabalhador, vivendo em companhia de meus pais, de minha esposa e um filhinho.

Uma ocasião, porém, surgiu em que tive a infelicidade de sorver alguns goles do veneno terrível, disfarçado em bebida elegante, tentando afugentar pequeninos problemas da vida e, desde então, converti-me em zona pestilencial para os abutres da crueldade.

Velhos inimigos desencarnados de nossa equipe familiar fizeram de mim seu intérprete.

A breve tempo, abandonei o trabalho, fugi à higiene e apodreci meu caráter, trocando o lar venturoso pela taverna infeliz.

Bebendo por mim e por todas as entidades viciosas que nos hostilizavam a casa, falsifiquei documentos, matando meu pai com medicação indevida, depois de arrojá-lo à extrema ruína.

Mais tarde, tornando-me bestial e inconsciente, espanquei minha mãe, impondo-lhe a enfermidade que a transportou para a sepultura.

Depois de algum tempo, constrangi minha esposa ao meretrício, para extorquir-lhe dinheiro, assassinando-a numa noite de horror e fazendo crer que a infeliz se envenenara usando as próprias mãos, e de meu filho fiz um jovem salteador e beberrão, muito cedo eliminado pela polícia.

Réprobo social, colhia tão somente as aversões que eu plantava.

Muitas vezes, em relâmpagos de lucidez, admoestava-me a consciência:

— Ainda é tempo! Recomeça! Recomeça!

Entretanto, fizera-me um homem vencido e cercado pelas sombras daqueles que, quanto eu, se haviam consagrado no corpo físico à criminalidade e à viciação, e essas sombras rodeavam-me apressadas, gritando-me, irresistíveis:

— Bebe e esquece! Bebe, Joaquim!...

E eu me embriagava, sequioso de olvidar a mim mesmo, até que o delírio agudo me sitiou num catre de amargura e indigência.

A febre, a enfermidade e a loucura consumiram-me a carne, mas não percebi a visitação da morte, porque fui atraído, de roldão, para a turba de delinquentes a que antes me afeiçoara. Sofri-lhes a pressão, assimilei-lhes os desvarios e, com eles, procurei novamente embebedar-me.

A taverna era o meu mundo, com a demência irresponsável por meu modo de ser...

Ai de mim, contudo! Chegou o instante em que não mais pude engodar minha sede!...

A insatisfação arrasava-me por dentro, sem que meus lábios conseguissem tocar, de leve, numa gota do líquido tentador.

Deplorando a inexplicável inibição que me agravava os padecimentos, afastei-me dos companheiros para ocultar a desdita de que me via objeto.

Caminhei sem destino, angustiado e semilouco, até que me vi prostrado num leito espinhoso de terra seca...

Sede implacável dominava-me totalmente...

Clamei por socorro em vão, invejando os vermes do subsolo.

Palavra alguma conseguiria relatar a aflição com que implorei do Céu uma gota d'água que sustasse a alucinação de minhas células gustativas...

Meu suplício ultrapassava toda humana expressão...

Não passava de uma fogueira circunscrita a mim mesmo.

Começaram, então, para mim, as miragens expiatórias.

Via-me em noite fresca e tranquila, procurando o orvalho que caía do céu para dessedentar-me, enfim, mas, buscando as bagas do celeste elixir, elas não eram, aos meus olhos, senão lágrimas de minha mãe, cuja voz me atingia, pranteando em desconsolo:

— Não me batas, meu filho! Não me batas, meu filho!...

Devolvido à flagelação, via-me sob a chuva renovadora, mas, tentando sorver-lhe o jorro, nele reconhecia o pranto de meu pai, cujas palavras derradeiras me impunham desalento e vergonha:

— Filho meu, por que me arruinaste assim?

Arrojava-me ao chão, mergulhando meu ser na corrente poluída que o temporal engrossava sempre, na esperança de aliviar a sede terrível, mas, na própria lama do enxurro, encontrava somente as lágrimas de minha esposa, de mistura com recriminações dolorosas, fustigando-me a consciência:

— Por que me atiraste ao lodo? E por que me mataste, bandido?

De novo regressava ao deserto que me acolhia, para logo após me entregar à visão de fontes cristalinas...

Enlouquecido de sede, colava a boca ao manancial, que se convertia em taça de fel candente, da qual transbordavam as lágrimas de meu filho, a bradar-me em desespero:

— Meu pai, meu pai, que fizeste de mim?

Em toda parte, não surpreendia senão lágrimas...

Arrastei-me pelos medonhos caminhos de minha peregrinação dolorosa, como um Espírito amaldiçoado que o vício metamorfoseara em peçonhento réptil...

Suspirava por água que me aliviasse o tormento, mas só encontrava pranto...

Pranto de meu pai, de minha mãe, de minha esposa e de meu filho a perseguir-me, implacável...

Alma acicatada por remorsos intraduzíveis, amarguei provações espantosas, até que mãos fraternas me trouxeram à bênção da oração...

Piedosos enfermeiros da Vida Espiritual e mensageiros da Bondade Divina, pelos talentos da prece, aplacaram-me a sede, ofertando-me água pura...

Atenuou-se-me o estranho martírio, embora a consciência me acuse...

Ainda assim, amparado por aqueles que vos inspiram, ofereço-vos o triste exemplo de meu caso particular para escarmento daqueles que começam de copinho a copinho, no aperitivo inocente, na hora de recreio ou na noite festiva, descendo desprevenidos para o desequilíbrio e para a morte...

E, em vos falando, com o meu sofrimento transformado em palavras, rogo-vos a esmola dos pensamentos amigos para que eu regresse a mim mesmo, na escabrosa jornada da própria restauração.

Joaquim Dias

31
Doutrinar e transformar

Reunião de 19 de janeiro de 1956.

Encerrando-nos as tarefas, o nosso abnegado benfeitor Emmanuel controlou as faculdades do médium e falou-nos com a sinceridade e clareza que lhe são peculiares.

Meus amigos:

Em verdade é preciso doutrinar para esclarecer.

Mas é imprescindível, igualmente, transformar para redimir.

Doutrinação que melhore.

Transformação que recupere.

A teoria prepara.

A prática realiza.

Ensinando, induzimos.

Fazendo, demonstramos.

Quem instrui acende luz.

Quem edifica é a própria luz em si.

Para doutrinar com segurança, é necessário atender à sabedoria através do cérebro.

Para transformar com êxito, é indispensável obedecer ao amor, por intermédio do coração.

Não basta, pois, o ensinamento.

Imperioso sejamos nós mesmos a lição viva.

Pensamento que observe e ilumine.

Sentimento que compreenda e ajude sempre.

Não nos limitemos, desse modo, aos méritos da palavra.

Procuremos, com o mesmo fervor, as vantagens da ação.

Cultura que aperfeiçoe.

Trabalho que santifique.

Hermes, Zoroastro, Confúcio, Sidarta e Sócrates foram grandes e veneráveis instrutores que nos revelaram a senda.

Jesus Cristo, porém, associando lição e exemplo, é o Mestre Amoroso e Sábio que nos ensina a percorrê-la.

Emmanuel

32
LIÇÃO NO APÓLOGO

Na noite de 26 de janeiro de 1956, fomos agraciados com a visita de nosso amigo espiritual André Luiz, que nos ofereceu à meditação a página simples e expressiva que ele próprio intitulou "Lição no apólogo".

Diante das perturbações e das lágrimas que nos visitam cada noite o santuário de socorro espiritual, lembraremos velho apólogo, dezenas de vezes repetido na crônica de vários países do mundo e que, por pertencer à alma do povo, é também uma pérola da Filosofia a enriquecer-nos os corações.

Certo cavalheiro que possuía três amigos foi convocado a comparecer no fórum, de modo a oferecer solução imediata aos problemas e enigmas que lhe manchavam a vida, porquanto já se achava na iminência de terrível condenação.

Em meio às dificuldades de que se via objeto, procurou os seus três benfeitores, suplicando-lhes proteção e conselho.

Arrogante, replicou-lhe o primeiro:

— Mais não posso fazer por ti que obter-te uma roupa nova para que compareças dignamente diante do juiz.

Muito preocupado, disse-lhe o segundo:

— Não obstante devotar-te a mais profunda estima, posso apenas fortalecer-te e acompanhar-te até a porta do tribunal.

O terceiro, porém, afirmou-lhe humilde:

— Irei contigo e falarei por ti.

E esse último, estendendo-lhe os braços, amparou-o em todos os lances da luta e falou com tanta segurança e com tanta eloquência em benefício dele, diante da justiça, que o mísero suspeito foi absolvido com a aprovação dos próprios acusadores que lhe observavam o processo.

Neste símbolo, temos a nossa própria história à frente da morte.

Todos nós, diante do sepulcro, somos chamados a exame na Contabilidade Divina.

E todos recorremos àqueles que nos protegem.

O primeiro amigo, o doador de trajes novos, é o dinheiro que nos garante as exéquias.

O segundo, aquele que nos acompanha até à porta do tribunal, é o mundo representado na pessoa dos nossos parentes ou na presença das nossas afeições mais queridas, que compungidamente nos seguem até a beira da sepultura.

O terceiro, contudo, é o bem que praticamos, a transformar-se em gênio tutelar de nossos destinos, e que, falando em nós e por nós, diante da justiça, consegue angariar-nos mais amplas oportunidades de serviço, quando não nos conquista a plena liberação do Espírito para a Vida Eterna.

Atendamos assim ao bem, onde estivermos, agora, hoje, amanhã e sempre, na certeza de que o bem que realizamos é a única luz do caminho infinito e que jamais se apagará.

André Luiz

33
A Terra

Encerrávamos a nossa reunião da noite de 2 de fevereiro de 1956, quando o nosso amigo espiritual José Xavier, ocupando o canal psicofônico, falou-nos, fraternal:

— Entre as sociedades mais avançadas dos tempos modernos, é hábito consagrar determinados dias do ano a personalidades e instituições que enriquecem a vida. Temos, por exemplo, o Dia das Mães, o Dia dos Pais, o Dia dos Professores, o Dia do Trabalho, o Dia do Comércio...

Apreciando essas homenagens justas, por que não estabelecermos o Dia da Terra, em que todos os Espíritos encarnados dediquem algum tempo a proteger um manancial, a plantar uma árvore benfeitora, a socorrer um jardim, a reparar uma estrada ou a curar uma chaga de erosão na gleba produtiva?

Assim o entende o nosso companheiro Amaral Ornellas, que nos pede alguns instantes de silêncio para trazer ao nosso grupo o seu pensamento de amor à nossa grande escola, à nossa Terra Mãe!...

Consagremos, assim, alguns minutos à quietude mental e à oração, de modo a cooperar com o nosso amigo presente".

Com efeito, daí a momentos, o grande poeta desencarnado, utilizando-se do médium, pronunciou o belo soneto que vamos ler.

Agradece, cantando, a Terra que te abriga.
Ela é o seio de amor que te acolheu criança,
O berço que te trouxe a primeira esperança,
O campo, o monte, o vale, o solo e a fonte amiga...

Do seu colo desponta a generosa espiga,
Que te farta o celeiro e te rege a abastança,
Dela surge, divino, o lar que te descansa
A mente atribulada entre o sonho e a fadiga.

Louva-lhe a própria dor amarga, escura e vasta,
E exalta-lhe o grilhão que te encadeia e arrasta,
Constringindo-te o peito atormentado e aflito.

Bendize-lhe as lições na carne humilde e santa...
A Terra é a Grande Mãe que te ampara e levanta
Das trevas abismais para os sóis do Infinito!...

Amaral Ornellas

34
Apontamentos cristãos

No término das nossas atividades, na reunião da noite de 9 de fevereiro de 1956, recebemos a palavra do nosso abnegado instrutor André Luiz, que nos transmitiu estes preciosos "apontamentos cristãos".

Meus amigos:

Jesus conosco.

Em tarefa junto de nosso agrupamento, valemo-nos do ensejo para transmitir, à nossa casa, alguns apontamentos cristãos:

1º) Não te encolerizes.

O punhal da nossa ira alcança-nos impondo-nos o vírus da enfermidade.

2º) Não critiques.

A lâmina de nossa reprovação volta-se, invariavelmente, contra nós, expondo-nos as próprias deficiências.

3º) Não comentes o mal do próximo.

O lodo da maledicência derramar-se-á sobre os nossos passos, enodoando-nos o caminho.

4º) Não apedrejes.

Os calhaus da nossa violência de hoje tomarão amanhã, por alvo, a nossa própria cabeça.

5º) Não desesperes.

O raio de nossa inconformação aniquilará a sementeira de nossos melhores sonhos.

6º) Não perturbes.

O ruído de nossa dissensão desorientar-nos-á o próprio raciocínio.

7º) Não escarneças.

O fel de nosso sarcasmo azedará o vinho da alegria no vaso de nosso coração, envenenando-nos a existência.

8º) Não escravizes.

As algemas do nosso egoísmo aprisionar-nos-ão no cárcere da loucura.

9º) Não odeies.

A labareda de nosso ódio incendiar-nos-á o próprio destino.

10º) Não firas.

O golpe da nossa crueldade, brandido na direção dos outros, retornará a nós mesmos, inevitavelmente, fazendo chagas de dor e aflição no corpo de nossa vida.

André Luiz

35
Palestra educativa

Na noite de 16 de fevereiro de 1956, fomos felicitados com a visita do nosso amigo espiritual P. Comanducci, que foi médium extremamente devotado à causa do bem, cuja palavra passou a enfeixar a palestra educativa, aqui expressa.

Se há entidades desencarnadas que obsidiam as criaturas humanas, temos criaturas humanas que vampirizam as entidades desencarnadas.

Isso é extremamente sabido.

Morando hoje, porém, no Mundo dos Espíritos, em verdade não sei onde é maior a percentagem daquelas mentes que se consagram a semelhantes explorações.

Se da Terra para o Além-Túmulo, se do Além-Túmulo para a Terra...

Daí a necessidade do mais amplo cuidado nas instituições espíritas cristãs, em nossas lutas no intercâmbio.

Temos por diretriz clara e simples a Codificação do Missionário excelso que no século passado se entregou de alma e corpo à exumação dos princípios evangélicos, para trazer-nos, em nome do Cristo, a edificação de nossa fé.

Ainda assim, somos largamente tentados a favorecer a movimentação descendente do serviço que devemos à Humanidade, de vez que o menor esforço é uma espécie de "tiririca" no campo doutrinário em que fomos situados para aprender e servir.

Em plena fase de nossa iniciação no conhecimento espírita, habitualmente tomamos contato com amigos desencarnados, detentores de conhecimento menos elevado que o nosso, a se nos ajustarem ao modo de ser e de viver, através dos fios da afetividade nem sempre bem conduzida, e, de imediato, somos induzidos aos problemas do favor.

Dificuldades morais cristalizam-se, obscuras, porque, se há desencarnados com vocação da sanguessuga, há muitos companheiros na carne com a inquietação da "chupeta".

E ao invés do trabalho de recuperação de nossos próprios destinos, muitas vezes somos vítimas das próprias distrações, criando desajustes que, hoje aparentemente inofensivos, nos aguardam, amanhã, à feição de grandes desequilíbrios.

É necessário intensificar em nossas casas de ação um vasto trabalho de estudo e discernimento, para que a embarcação de nosso ideal não permaneça à matroca sobre as águas traiçoeiras da preguiça e da mistificação.

Não encontramos nos livros do Codificador qualquer conselho a determinados tipos de requisições ao Mundo Espiritual.

Não vemos Allan Kardec organizando reuniões ou círculos de prece para atender a comezinhas questões da luta humana, questões essas que exprimem lições indispensáveis à consolidação de nossa fé operosa e construtiva.

Não encontramos no Evangelho, fonte máter do Espiritismo, em suas linhas essenciais, qualquer atitude do Cristo que assegure imunidades à magia da delinquência.

Decerto, observamos o Senhor cercado por doentes que reclamavam alívio...

Vemo-lo, seguido de mães sofredoras, de crianças sem lar, de velhos sem esperança, de mutilados sem rumo, suplicando luz e coragem, amparo e esclarecimento, de modo a superarem mazelas e fraquezas, e reparamo-lo distribuindo o remédio, o socorro moral, a consolação e a bênção, a frase compassiva e o socorro de amor...

Entretanto, nunca vimos o Excelso Benfeitor, junto de romanos influentes, cogitar de propinas materiais em benefício dos aprendizes da Boa-Nova, não observamos a fé procurando impetrar o apoio celeste para matrimônios de força, para diminuir querelas na justiça humana, nem para a solução de quaisquer assuntos de natureza inferior, que, atinentes à experiência carnal, servem simplesmente como recursos de aprendizado, no campo de provas em que somos naturalmente localizados na Terra, para a consumação de nosso resgate ou para a elevação de nossas experiências.

Eis a razão pela qual, na posição de médium desencarnado que agora somos, podemos assegurar-vos que qualquer displicência da nossa parte, no assunto em lide, gera problemas muito difíceis para a nossa vida no Além, porquanto, se determinadas soluções reclamam amor, exigem também fortaleza de ânimo, para atingirem o desejável remate, com a dignidade precisa.

Não podemos escorraçar os que rogam obséquios do Além, em muitas ocasiões com vistas à criminalidade, mas não será lícito contemporizar com o intuito perverso que, muitas vezes, lhes dita os impulsos.

Indiscutivelmente, não podemos abraçar a tolerância com o mal, mas não será justo fugir à paciência, em benefício das vítimas dele, para que o espinheiro das trevas seja extirpado da região de serviço em que o Senhor nos localiza.

Muitos daqueles que hoje indagam pela possibilidade de cooperação inferior, amanhã podem solicitar o concurso genuíno do Céu.

Daí a nossa condição de hifens da caridade entre desencarnados menos esclarecidos e amigos humanos menos avisados, e, daí, o imperativo de muita serenidade, com o Evangelho do Senhor a reger-nos a existência, para que não venhamos a escorregar no desfiladeiro da sombra.

É necessário estender mãos abertas e fraternais aos infelizes que se fazem vítimas da ignorância e da má-fé, contudo é indispensável que nosso coração não se imante aos propósitos menos dignos de que são portadores, a fim de que estejamos, no Espiritismo e na mediunidade, atentos aos nobres deveres que nos prendem aos compromissos assumidos.

Na vida espiritual, encontrei muitos obstáculos que até hoje ainda não consegui de todo liquidar, em razão de minha imprevidência no trato com os interesses da alma.

É por isso que, ao nos comunicarmos convosco, nesta noite, solicitamos a todos os companheiros, presentes e ausentes, cautela contra o menor esforço, o terrível escalracho que nos ameaça a esfera de manifestações.

É por esse motivo que vos pedimos estudo e boa vontade.

Não nos reportamos, no entanto, simplesmente ao ato de ler.

Leitura só por si, na alimentação da alma, equivale à simples ingestão de alimentos na sustentação do corpo.

Imprescindíveis se fazem a meditação e a aplicação do conhecimento superior para o acrisolamento do espírito, tanto quanto são necessárias a digestão e a assimilação dos valores ingeridos para a saúde e a robustez do veículo carnal de que nos utilizamos na Terra.

A alma necessita incorporar a si mesma os recursos que lhe são administrados pela Providência divina, por meio das divinas instruções que fluem do Evangelho, que se derrama da Codificação kardequiana e que vertem das mensagens de elevado teor, para que esteja realmente em dia com as obrigações que lhe cabem no mundo.

Procuremos, assim, a nossa posição de aprendizes fiéis ao Cristo e de trabalhadores leais da nossa Causa, porque, segundo as facilidades do intercâmbio, estabelecidas em nossos templos de caridade e de fé, ou faremos do Espiritismo um oráculo tendencioso e tumultuário, para a satisfação de baixos caprichos humanos, ou convertê-lo-emos no grande santuário de nossa ascensão para a Divina Imortalidade, através da sublimação de nossa vida.

P. Comanducci

36
Consciência culpada

Na noite de 23 de fevereiro de 1956, nossos benfeitores espirituais ofertaram-nos à consideração valioso estudo.

Trouxeram ao recinto o Espírito que se deu a conhecer por F. Cunha, cuja mente eclipsada pelo remorso se mostrava inteiramente encarcerada nas teias do crime por ele cometido.

O comunicante, através do médium que lhe retratava a angústia na fisionomia congesta, falou-nos comovedoramente do seu drama íntimo.

Explicaram-nos os mentores de nosso templo que assim procediam para examinarmos as dolorosas condições da alma, como que cristalizada nos meandros da culpa, cerrada sobre si mesma, a reviver, indefinidamente, a lembrança do delito praticado, em lastimável e constante recapitulação.

Trovejante voz determina que eu fale.

Estranho poder rearticula-me a garganta.

Falar, entretanto, para quê?

Para quem?

Quantas vezes já reconstituí minha história, para acabar no mesmo tormento infernal?...

Onde estou?

Que vozes imperativas são essas que ordenam a exteriorização de minha palavra?

Falar para quem?

Para os duendes que povoam as minhas trevas e gargalham diante da minha dor?

Para a ventania que me açoita e que me trouxe até aqui onde experimento a sensação do mendigo vagueante, a refugiar-se na carne morna de um animal?[6]

Falar para quê?

Sinto-me extremamente cansado...

Não tenho ideia de rumo.

Perdi a noção do caminho.

Sequei a fonte de minhas lágrimas.

Estou cego.

Tateio na escuridão...

---

6 Nota do organizador: Refere-se à organização física do médium.

Esgotei todas as blasfêmias que podiam assomar aos meus lábios.

Clamo debalde por socorro...

Bati à porta da oração, inutilmente...

Sou o judeu errante da lenda, mais infeliz que ele mesmo, porque não apenas caminho...

Sofro! Sofro terrivelmente.

Perdi a minha visão externa, mas guardo a minha visão do mundo íntimo para recomeçar sempre e interminavelmente o meu crime!

Confessar-me para que ouvidos?

Para que juízes?

Falar simplesmente para a minha consciência culpada?

Entretanto, essa voz é dominadora e determina que eu conte minha história de novo...

Não precisarei, porém, gastar muita energia.

Basta lembrar o recomeço...

Vejo a sala de nossa casa.

Tudo iluminado dentro da noite...

Desejava desfazer-me de minha irmã solteira.

Herdáramos ambos grande fortuna.

Devia ela associar-se-me ao destino...

Desejava, contudo, senhorear a sós o patrimônio financeiro que nos favorecia o mundo familiar.

Angelina era meu obstáculo.

Arquitetava planos de modo a eliminar-lhe a presença, até que uma noite minha irmã veio confessar-me um amor infeliz.

Amava e não era amada.

Pretendia comungar a sorte de um homem que lhe retribuía a afetividade com profunda aversão.

Estava doente, abatida.

Maquinando meu crime, roguei-lhe renunciasse àquela afeição malnascida.

Ofereci-lhe ponderações.

Preparei deliberadamente o fratricídio.

Conduzi-a para a nossa pequena sala de leitura e de música.

Pedi-lhe, em nome de nossa grande amizade, escrevesse uma carta de despedida ao ingrato que lhe não acolhera a ternura...

Como valorizar um homem que lhe menoscabava o coração?

Convenci-a.

Angelina, em pranto, grafou a missiva de adeus.

Leu-a, comovidamente, para mim.

Aprovei-lhe os termos...

Em seguida, roguei-lhe tocasse ao piano velha música triste de nosso ambiente doméstico.

Desejava preparar meu delito.

Angelina tangeu suavemente o teclado.

Era uma valsa de despedida, predileta de meu pai que nos deixara, a caminho do sepulcro, seguindo os passos de nossa mãe.

Logo após, aconselhei-lhe o recolhimento.

Sentia dores, repetiu...

Prometi-lhe uma fricção de óleo balsâmico no tórax, tão logo se visse recolhida ao leito.

Angelina obedeceu sem tergiversar.

Na penumbra, preparei meu revólver.

Envolvi minhas mãos em dois lenços para evitar qualquer vestígio que me denunciasse à autoridade policial.

Na sombra do quarto, procurei no peito o local dolorido e desfechei-lhe um tiro certeiro no coração...

Ela morreu como uma ovelha imbele no matadouro.

O sangue borbotou em torrentes.

Com cautela, prendi-lhe a arma à mão flácida...

Preparei o ambiente e, depois de algum tempo, clamei por socorro.

A tese do suicídio que eu apresentara foi amplamente aprovada.

Depois dos funerais, a visão do ouro superou o remorso.

Eu era, enfim, o dono de enorme fortuna.

Podia dispor dela à vontade.

E assim fiz.

Governei largos haveres.

Sufoquei a consciência.

Gozei a vida como melhor me pareceu.

Despendi largas somas.

Viajei... Dominei... Fiz o que meus caprichos reclamavam...

Até que, um dia, num desastre, não sei que gênios perversos me situaram o carro à frente de um abismo no qual me despenhei...

Meu corpo também foi aniquilado entre ferros torcidos...

Mas, desde então, sou como que uma esfera sombria.

Uma grande bola de chumbo aeriforme, porque tudo é treva por fora... Mas tudo é claridade por dentro, obrigando-me a recomeçar o processo de minha falta...

Tenho sede, tenho fome, contudo, tão somente encontro cornucópias rubras a despejarem moedas e cédulas ensanguentadas sobre minha cabeça.

Pergunto às trevas a que me recolho, onde está o poder do tempo, para fazer que minhas horas recuem a fim de que meus braços se imobilizem antes da fatal deliberação...

Pergunto onde vive a morte, para que ela, com seu ancinho infernal, me decepe a consciência...

Ninguém me responde.

Ouço gargalhadas.

Ouço gênios infernais que talvez estejam associados ao meu crime, mas que eu não posso divisar em sua feição exterior, porque, se tudo ouço, nada vejo...

Estou mergulhado nas trevas.

Minha alma sente-se jungida ao remorso, assim como a lenha está presa ao fogo que a consome.

Onde está o repouso prometido aos penitentes?

Já gritei minha desdita aos quatro cantos da Terra.

Suplico um amparo que nunca chega.

Trago comigo o inferno no coração.

Para quem estou falando nas sombras?

Será dia, no campo exterior em que minha voz se faz ouvida?

Quem me escuta?

Que vento me trouxe até aqui?

O remorso persegue-me, inalterável!...

Quem me ouve?

Os demônios e as fúrias da tempestade?

Infelizmente, sou eu mesmo a testemunha da minha própria confissão.

Revejo o crime praticado...

Dinheiro!...

Ah! o dinheiro...

A fortuna de meus pais!...

Sangue... Sangue nas minhas mãos... Sangue na minha vida... Sangue no meu coração...

Para quem repetirei esta história?

Para quem?

Eis que o vento me retira de novo!...

Aonde irei? Para quem repetirei minha terrível história? Sou um fantasma no cárcere do remorso tardio!...

Que poder é este, a impelir-me para diante? O crime!... O crime não compensa, o dinheiro não compensa...

A culpa é o meu grilhão!...

F. Cunha

37
Doloroso engano

Encerrávamos a nossa reunião da noite de 1º de março de 1956, quando nossos instrutores trouxeram às faculdades psicofônicas do médium o Espírito R. S., desditosa irmã desencarnada que, em soluços comovedores, nos ofertou a sua história de médium transviada, história essa que passamos à consideração de nossos leitores, como doloroso exemplo a ser estudado e meditado.

Deus de bondade e de amor, dai-me forças para que a minha voz não trema na confissão-ensinamento a que me sinto obrigada!...

Ajudai-me o coração para que a minha palavra não vacile!...

Benfeitores espirituais que me assistis, sustentai-me a fim de que a vergonha não favoreça qualquer inverdade em minha boca!...

Meus irmãos, fala-vos pobre mulher desencarnada que, até agora, tem vagueado no charco de choro e sangue...

Uma pobre criatura que por escárnio à própria responsabilidade atirou-se ao lago de sofrimento e remorso em que se afoga sem consumir-se...

Fui médium, conheci a graça da revelação espírita, partilhei os banquetes da oração e deslumbrei-me diante das lições de Luz que meu coração recebia do Céu!...

Viúva aos 30 anos, com uma filha para conduzir e orientar na existência, trazia o espírito assim como um barco sem leme.

Faltava-me um ideal religioso para o caráter.

A pobreza, a provação e o obstáculo espancavam-me...

Por isso mesmo, os sintomas da mediunidade conturbada, que se me fizeram mais graves, acentuaram em nossa casa os problemas e os dissabores.

A conselho de afeições queridas, procurei um santuário espírita, sendo recebida com o amor que vos caracteriza as casas de fé renovadora, que, neste momento, não posso dizer sejam nossas, porque delas me afastei deliberadamente...

O primeiro contato com a filosofia simples do Espiritismo foi para o meu coração como um banho de luz.

Reconfortei-me, refazendo a própria saúde.

Meus olhos adquiriram o estranho poder de enxergar além da carne, e pude, muitas vezes, em pranto de emotividade, receber a palavra direta do inolvidável benfeitor Dr. Bezerra de Menezes, que costumava dizer-me em tom compassivo:

— Filha, é chegada para a sua alma a hora diferente. Trazem as suas mãos a sublime força da cura. Poderá você aliviar o sofrimento dos semelhantes e, sobretudo, oferecer carinho providencial às irmãs nossas que se sentem defrontadas pelos aguilhões da maternidade dolorosa. Siga a sua estrada, oferecendo a Jesus o coração limpo e a consciência reta, porque a assistência do Céu não lhe faltará ao serviço nem se fará surda aos seus apelos!

Desde então, meus amigos, minhas mãos passaram à instrumentalidade da cura mediúnica.

Sem maior estudo para a sustentação de minhas responsabilidades nos compromissos graves que eu estava abraçando, devotei-me à leitura dos tratados de magnetismo.

A princípio, eram a confiança em nossos benfeitores espirituais e o poder da prece as forças em que me inspirava para trabalhar, sendo admiravelmente sucedida nas tarefas a que me devotava, confiante.

Muitas de nossas irmãs, no momento exato da *délivrance*, recebiam por meus braços essa abençoada energia que desce do Alto para quantos se fazem canais do bem.

Contudo, na vida privada, eu era uma simples lavadeira...

A pobreza marcava-nos o dia e a noite, o leito e o alimento.

Calos doloridos multiplicavam-se-me nas mãos, desde cedo habituadas a duros misteres no serviço caseiro.

E minha Edmeia crescia, solicitando assistência, pedindo instrução, reclamando amparo...

Meu coração de mulher, no entanto, não sabia integrar-se nos exemplos e nas lições do Cristo, e, em razão disso, com muita facilidade passei da claridade para a sombra.

Sentia fome do dinheiro fácil e pouco a pouco a sedução da prosperidade material modificou-me o pensamento.

No templo espírita, as preleções exortavam-me à simplicidade, ao sacrifício, à renúncia, à fidelidade e ao dever corretamente cumprido.

Pelos ensinamentos aí adotados, eu devia continuar a ser a mulher resignada e humilde, à frente das tempestades da vida, rendendo culto à minha fé, sem exigir retribuição de quem quer que fosse.

E por isso mesmo as lições que me eram administradas se fizeram insípidas ao meu modo de ser.

Pretextando trabalho inadiável, fugi do contato com aqueles companheiros que amavam na simplicidade o caminho da renovação.

E comecei a aceitar as requisições que me eram endereçadas.

Muitas senhoras reclamavam-me a colaboração e muitas outras foram chegando, que me pediam o concurso para a delinquência disfarçada em salvação social.

Moças de diversas procedências, damas jovens acostumadas à preguiça e à irresponsabilidade, ofereciam-se à minha porta, pagando alto preço por meus serviços.

O dinheiro era tentador e as somas eram largas.

A atividade era fácil.

O passe magnético com a administração de algumas drogas, aparentemente simples, davam resultados perfeitos.

E sem ouvir as sugestões do nosso amigo Dr. Bezerra, que procurou afastar-me das sombras, enquanto era tempo, devotei-me de corpo e alma às trevas crescentes que se avolumavam em minha porta.

Minha Edmeia era então menina e moça.

Exigia chapéus e vestidos, joias e adornos, tanto quanto uma casa mais digna da sua beleza física.

Enganada por terríveis ilusões, afastei minha filha do trabalho correto.

Internei-a num colégio elegante, onde Edmeia aprendeu palavras e hábitos que eu mesma desconhecia...

Minha filha era bela e devia ter um destino diferente do de sua mãe — pensava eu.

Devia brilhar no campo social, obrigando-me, assim, a amealhar uma fortuna fácil que nos garantisse um palacete, com rendimento e conforto.

Corria o tempo e o dinheiro avultava-me nas mãos.

Uma caderneta de banco assegurava-me depósitos expressivos.

Dez anos passaram, com atividades intensas.

Não satisfeita com meu próprio trabalho, contratei o serviço de duas companheiras que me representavam noutros bairros, trazendo-me os casos difíceis e incentivando a clientela.

Essas duas companheiras passaram a colaborar com segurança e eficiência.

Nunca mais me acomodei com as lições dos livros espíritas.

Para o meu coração enganado, os santuários da Consoladora Doutrina eram simplesmente lugares em que se reuniam pessoas de inteligência menos desenvolvida, porque uma força enorme me apoiava os braços e fazia que todos os partos, sob minha responsabilidade, se desdobrassem com êxito, exonerando-me de qualquer dever para com a prece.

Queria dinheiro, dinheiro fácil e, respondendo-me aos apelos, o dinheiro aparecia.

O palacete destinado à nossa residência estava sendo construído em linhas quase majestosas.

Edmeia, titulada num educandário de ensino superior, possuía agora o seu carro particular.

Comparecia a festas e reuniões mundanas, impressionando sempre por sua beleza bem adornada, beleza que eu incensava apaixonadamente, cega em meus falsos princípios.

Dez anos, repito, passaram apressados em meu afã de reter o dinheiro nascido na empresa do crime.

Nossa casa, engalanada, preparava-se para receber-nos.

Adquirira tapeçarias e telas raras, ao gosto de minha filha.

Tudo obedecia aos planos por ela traçados.

Sentia-me finalmente ajustada à aristocracia do ouro, desfrutando a madureza tranquila, remunerada pela fortuna terrestre.

Eis, porém, que, certa noite, uma de minhas associadas bate à porta de meu gabinete particular, pedindo concurso.

Uma jovem fora por ela mal atendida.

Rogava-me urgente inspeção.

Chego à porta e pergunto:

— É uma cliente que pode realmente pagar com a dignidade precisa?

A companheira responde que sim.

Tratava-se de jovem muito rica.

Dera-lhe, de imediato, dois contos de réis.

Mando entrar.

A moça desmaiada é trazida à mesa de operações.

Entretanto, estarrecida, naquele belo corpo a esvair-se em sangue, reconheço Edmeia...

Minha filha era também uma cliente da indústria do aborto.

Horrorizada, passei a colher o fruto de minha irresponsabilidade.

Tremeram-me as mãos.

Entonteceu-se-me a cabeça.

Era a primeira vez que eu meditava no tormento das mães, humilhadas pela delinquência dos filhos!

Em vão, tentei o socorro tardio...

Tudo estava no fim.

Esmagada de sofrimento, recordei as antigas lições da casa de fé que eu visitava, em minhas dificuldades primeiras...

Edmeia morreu em meus braços.

Também no meu coração eu não possuía nada mais que o esquife do meu próprio sonho morto.

Tombei, desalentada.

Removida para meu leito, um médico foi chamado.

Debalde busquei pronunciar algumas explicações.

Minha boca estava hirta, meus membros inteiriçados não respondiam a qualquer ordem do cérebro.

A dor rompera-me um vaso importante e por dois meses agonizei, até que a morte me arremessou à sinistra região em que me vejo cercada por largas nuvens de lodo e sangue, escutando os comoventes vagidos de criancinhas assassinadas...

Tenho vertido lágrimas amargosas!...

Nunca pude pisar no palacete que minha filha e eu mandáramos construir...

Nunca mais afaguei o anjo de minhas esperanças maternas.

Nunca mais meus olhos descansaram naqueles olhos que eu desejava felizes...

Tenho vivido num lago de sangue, de treva, de dor, de angústia, de maldição...

Somente agora, depois de muito orar e padecer, ouvi novamente a voz do Dr. Bezerra, o nosso amado benfeitor...

Um novo serviço ser-me-á confiado.

Devo, por dez anos, trabalhar nos lupanares e nos gabinetes em que o aborto se transformou em criminoso negócio, no sentido de amparar as jovens irrefletidas e as mulheres desorientadas.

Devo evitar que o infanticídio se processe, oferecendo minhas forças para que algum entezinho possa escapar à foice sanguinolenta manejada pela mulher esquecida da própria alma.

Devo servir por dez anos nesse laborioso caminho cujas misérias conheço, para, depois, experimentar, por minha vez, a dor de tantas crianças que as minhas mãos sufocaram!...

Rogo preces, para minha alma sofredora!...

Amparai a irmã que caiu!...

Minha palavra não tem outro objetivo senão este — implorar a esmola da oração em meu benefício e acordar as mulheres, nossas irmãs, para que não se afastem da bênção de Deus.

R. S.

38
Calúnia

Na noite de 8 de março de 1956, tivemos nossa atenção voltada para o triste relato do Espírito A. Ferreira, que, ocupando os recursos psicofônicos do médium, nos ofertou significativa lição com respeito à calúnia, conforme as suas amargas experiências.

De todas as potências do corpo humano, a língua será talvez aquela que mais nos reclama vigilância.

Por ela, começa a glória da cultura nos cinco continentes, mas, através dela, igualmente principiam todas as guerras que atormentam o mundo.

Por ela, irradia-se o mel de nossa ternura, mas também, através dela, derrama-se-nos o fel da cólera.

Muitas vezes, é fonte que refresca e, muitas outras, é fogo que consome.

Em muitas ocasiões, é ferramenta que educa e, em muitas circunstâncias, é lâmina portadora da destruição ou da morte.

Sou uma das vítimas da língua, não conforme acontece na existência humana, em que os caluniados caem na Terra para se erguerem no Céu, em sublime triunfo, mas, segundo os padrões da vida real, em que os caluniadores que triunfaram entre os homens experimentam, além do sepulcro, a extrema derrota do espírito.

Determinam nossos amigos espirituais vos ofereça minha história.

Contá-la-ei, sintetizando tanto quanto possível para não fatigar-vos a atenção.

Há quase trinta anos, nossa família, chefiada por pequeno comerciante, no varejo do Rio, era serena e feliz.

Em casa, éramos quatro pessoas. Nossos pais, Afrânio e o servidor que vos fala.

Entre meu irmão e eu, contudo, surgiam antagonismos irreconciliáveis.

Afrânio era a bondade.

Eu era a maldade oculta.

Meu irmão era a brandura, eu era a crueldade...

Nele aparecia a luz da franqueza aberta.

Escondia-se em mim a mentira torpe.

Afrânio era a virtude, eu era o vício contumaz.

Na época em que figuro o princípio de meu relato, meu irmão desposara Celina, uma jovem reta e generosa que lhe aguardava o primeiro filhinho.

Quanto a mim, entregue às libações da irresponsabilidade, encontrara na jovem Marcela, tão leviana quanto eu mesmo, uma companheira ideal para o meu clima de aventura.

Entretanto, tão logo a vi aguardando uma criança, sob minha responsabilidade direta, abandonei-a, desapiedado, embora lhe vigiasse os menores movimentos.

Foi assim que, em nublada manhã de junho, observei um automóvel a procurar-lhe o refúgio.

Coloquei-me de atalaia, reparando o homem de fronte descoberta que lhe buscava a moradia, e reconheci meu próprio mano.

Surpreso e estarrecido, dei curso aos maus sentimentos que geraram, em minhas ideias, a infâmia que passou a dominar-me a cabeça.

Encontrara, enfim — concluí malicioso —, a brecha por onde solapar-lhe a reputação, e afastei-me apressado.

Joguei e beberiquei, voltando à noite para o santuário doméstico, onde encontrei aflitiva ocorrência.

Afrânio, em se ausentando de nossa pequena loja para depositar num banco a expressiva importância de cinquenta contos de réis — fruto de nossas economias de dois anos, para a realização do nosso velho plano de casa própria —, perdera a soma aludida, sem conseguir justificar-se.

Ouvi-lhe as alegações inquietantes, simulando preocupação, mas, dando largas aos meus projetos delituosos, arquitetei a mentira que deveria arruiná-lo.

Chamei meu pai a íntimo entendimento e envenenei-o pelos ouvidos.

Com a minha palavra fácil, teci a calúnia que serviu para impor ao meu irmão irremediável infortúnio, contando a meu pai que o vira, em companhia de mulher menos respeitável, perdendo toda a nossa fortuna numa casa de jogo, e acrescentei que observara o quadro lamentável com os meus próprios olhos.

Minha mãe e Celina, a reduzida distância, sem que eu lhes reparasse a presença, anotaram-me a punhalada verbal, e todos os nossos, dando crédito ao meu verbo delinquente, passaram da confiança ao menosprezo, dispensando ao acusado o tratamento cruel que lhe desmantelou a existência.

Por seis dias Afrânio desesperado, procurou debalde o dinheiro.

E, ao fim desse tempo, incapaz de resistir ao escárnio de que era vítima, preferiu o suicídio à vergonha, ingerindo o veneno que lhe roubou a vida física.

A desgraça penetrou-nos a luta diária.

Todos, menos eu, que me regozijava com a escura vingança, renderam-se à tensão e ao desespero.

Inquirida Marcela por meu pai, viemos, porém, a saber que Afrânio lhe visitara o abrigo por solicitação dela mesma, que se achava em extrema penúria.

Nosso espanto, contudo, não ficou aí, porque, findos três dias após os funerais, um chofer humilde procurou-nos, discreto, para entregar uma bolsa que trazia os documentos de Afrânio, acompanhados pelos cinquenta contos, bolsa essa que meu irmão perdera inadvertidamente no carro que o servira.

Minha cunhada, num parto prematuro, faleceu em nossa casa.

Minha mãe, prostrada no leito, não mais se levantou e, findos três meses, após a morte dela, ralado por infinito desgosto, meu pai acompanhava-lhe os passos ao cemitério do Caju.

Achava-me, então, sozinho.

Tinha dinheiro e busquei a vida fácil, mas o remorso passara a residir em minha consciência, atormentando-me o coração.

Alcoolizava-me para esquecer, mas, entontecida a cabeça, passava a ver, junto de mim, a sombra de meus pais e a sombra de Celina, perguntando-me, agoniados:

— Caim, que fizeste de teu irmão?

A loucura que me espreitava dominou-me por fim...

Conduzido ao casarão da Praia Vermelha, ali gastei quanto possuía para, depois de um ano de suplício moral e de irremediável tormento físico, abandonar os meus ossos exaustos na terra, em cujo seio, debalde, imploro consolação, porque o sofrimento e a vergonha sitiaram-me a vida, destruindo-me a paz.

Tenho amargado, através de todos os processos imagináveis, as consequências do meu crime.

Tenho sido um fantasma, desprezado em toda a parte, sorvendo o fel e o fogo do arrependimento tardio.

Somente agora, ouvindo as lições do Evangelho, consegui acender em minha alma leves fagulhas de esperança...

E à maneira do mendigo que bate à porta do reconforto e do alívio, encontro presentemente um novo caminho para a reencarnação, que, muito breve, me oferecerá a bênção sagrada do esquecimento.

Entretanto, não sei quando poderei encontrar, de novo, meu pai e minha mãe, meu irmão e minha cunhada, credores em meu destino, para resgatar, diante deles, o débito imenso que contraí.

Por enquanto, serei apenas internado na carne para considerar os problemas que eu mesmo criei, em prejuízo de minha alma...

Brevemente, voltarei ao campo dos homens, mas reaparecerei, entre eles, sem a graça da família, a fim de valorizar o santuário doméstico, e renascerei mudo para aprender a falar.

Que Deus nos abençoe.

A. Ferreira

39
Suicídio e obsessão

Continuando, quanto possível, a série de estudos da mente desencarnada, em posição de sofrimento, além do sepulcro, na noite de 15 de março de 1956 nossos benfeitores espirituais trouxeram à comunicação a jovem Hilda (Espírito), suicida em reajuste, que nos ofertou interessantes apontamentos acerca da sua situação.

Amigos:

Há duas palavras com significação muito diferente na Terra e na Vida Espiritual.

Uma delas é "consciência", a outra é "responsabilidade".

No plano físico, muitas vezes conseguimos sufocar a primeira e iludir a segunda temporariamente, mas, no campo das Verdades Eternas, não será possível adormecer ou enganar uma e outra.

A consciência revela-nos tais quais somos, seja onde for, e a responsabilidade marca-nos a fronte com os nossos merecimentos, culpas ou compromissos.

Enquanto desfrutais o aprendizado na experiência humana, acautelai-vos na conceituação dessas duas forças, porque o pensamento é a energia coagulante de nossas aspirações e desejos.

Por isso, não fugiremos aos resultados da própria ação.

Fala-vos humilde companheira que ainda sofre, depois de aflitiva tragédia no suicídio, alguém que conhece de perto a responsabilidade na queda a que se arrojou, infeliz.

O pensamento delituoso é assim como um fruto apodrecido que colocamos na casa de nossa mente.

De instante a instante, a corrupção se dilata e atraímos em nosso desfavor todos aqueles elementos que se afinam com a nossa invigilância e que se sentem garantidos por nossa incúria, presidindo-nos a perturbação que fatalmente nos arrasta a grande perda.

Obsidiada fui eu, é verdade.

Jovem caprichosa, contrariada em meus impulsos afetivos, acariciei a ideia da fuga, menoscabando todos os favores que a Providência Divina me concedera à estrada primaveril.

Acalentei a ideia do suicídio com volúpia e, com isso, através dela, fortaleci as ligações deploráveis com os desafetos de meu passado, que falava mais alto no presente.

Esqueci-me dos generosos progenitores, a quem devia ternura; dos familiares, junto dos quais me empenhara em abençoadas dívidas de serviço; olvidei meus amigos, cuja simpatia poderia tomar por valioso escudo em minha justa defesa, e desviei-me do campo de sagradas obrigações, ignorando deliberadamente que elas representavam os instrumentos de minha restauração espiritual.

Refletia no suicídio com a expectação de quem se encaminhava para uma porta libertadora, tentando, inutilmente, fugir de mim mesma.

E, nesse passo desacertado, todas as cadeias do meu pretérito se reconstituíram, religando-me às trevas interiores, até que numa noite de supremo infortúnio empunhei a taça fatídica que me liquidaria a existência na carne.

Refiro-me a essa hora terrível e inolvidável para fortalecer em vosso espírito a responsabilidade do pensamento criado, alimentado e vivido...

No momento cruel, um raio de luz clareou-me por dentro!...

Eu não deveria morrer assim — comecei a pensar.

Cabia-me guardar nos ombros, por título de glória, a cruz que o Senhor me confiara!...

Imensa repugnância pela deserção, de súbito, iluminou-me a alma; entretanto, na penumbra do quarto, rostos sinistros se materializaram de leve e braços hirsutos me rodearam.

Vozes inesquecíveis e cavernosas infundiram-me estranho pavor, exclamando: "É preciso beber!"

A bênção do socorro celeste fora como que abafada por todas as correntes de treva que eu mesma nutrira.

Debalde minha mão trêmula ansiou desfazer-se do líquido fatal.

Esvaíram-se-me as forças.

Senti-me desequilibrada e, embora sustentasse a consciência do meu gesto, sorvi, quase sem querer, a poção com que meu corpo se rendeu ao sepulcro.

Em verdade, eu era obsidiada...

Sofria a perseguição de adversários, residentes na sombra, mas perseguição que eu mesma sustentei com a minha desídia e ociosidade mental.

Corporificara, imprevidente, todas as forças que, na extrema hora, me facilitaram a queda.

Conservando a ideia lamentável, acabei lamentando a minha própria ruína.

Em razão disso, padeci, depois do túmulo, todas as humilhações que podem rebaixar a mulher indefesa...

Agora, que se me refazem as energias, recebi a graça de acordar nos amigos encarnados a noção de "responsabilidade" e "consciência", no campo das imagens que nós mesmos criamos e alimentamos, serviço esse a que me consagrei, até que novo estágio entre os homens me imponha a recapitulação total da prova em que vim a desfalecer.

É por essa razão que terminamos as nossas frases despretensiosas, lembrando a vós outros que o pensamento deplorável, na vida íntima, é assim como o detrito que guardamos irrefletidamente em nosso templo doméstico.

Se somos atenciosos para com a higiene exterior, usando desinfetantes e instrumento de limpeza, assegurando a saúde e a tranquilidade, movimentemos também o trabalho, a bondade e o estudo contra a dominação do pensamento infeliz, logo que o pensamento infeliz se esboce levemente na tela de nossos desejos imanifestos.

Cumpramos nossas obrigações, visitemos o amigo enfermo, atendamos à criança desventurada, procuremos a execução de nossas tarefas, busquemos o convívio do livro nobre, tentemos a conversação robusta e edificante, refugiemo-nos no santuário da prece e devotemo-nos à felicidade do próximo, instalando-nos sob a tutela do bem e agindo sempre contra o pensamento insensato, porque, por meio dele, a obsessão se insinua, a perseguição se materializa, e, quando acordamos, diante da própria responsabilidade, muitas vezes a nossa consciência chora tarde demais.

Hilda

40

COMPANHEIRO DE REGRESSO

Não obstante residir no Rio de Janeiro, onde fazia parte do antigo "Grupo Regeneração", Antônio Sampaio Júnior era membro efetivo do "Grupo Meimei", desde a hora da fundação.

Por duas a três vezes, anualmente, vinha a Pedro Leopoldo, reconfortando-nos com o seu apoio e com a sua presença.

Era ele a personificação da fé viva, da generosidade, do bom humor. Infundia-nos coragem nas horas mais difíceis e esperança nos obstáculos mais duros.

Desencarnado subitamente, em outubro de 1955, deixou-nos as melhores recordações. Foi nosso abnegado e inesquecível Sampaio o amigo que compareceu no horário destinado à instrução, em nossa casa, na fase terminal da reunião, na noite de 22 de marco de 1956, transmitindo-nos a confortadora mensagem que passamos a transcrever.

Meus amigos:

Louvado seja Nosso Senhor Jesus Cristo.

Sou o Sampaio, de volta ao nosso grupo.

Dou, de imediato, o meu cartão de visita para que o pensamento de vocês me ajude a falar com segurança.

Reconheço-me ainda como o pássaro vacilante a arrastar-se fora do ninho, movimentando-me qual convalescente em recuperação depois de moléstia longa.

Mesmo assim, venho agradecer-lhe as preces com que me ajudam.

Recebam todos o meu reconhecimento por essa dádiva de carinho, porque assim como, para apreciar verdadeiramente um remédio, é preciso haver sofrido uma enfermidade grave, para reconhecer, de fato, o valor de uma oração, é necessário haver deixado o corpo da Terra.

Por outro lado, nossos benfeitores permitiram amavelmente que eu lhes falasse, por haver prometido a mim mesmo trazer-lhes alguma notícia, depois da grande passagem.

Escusado será dizer que me lembrei dos irmãos de ideal na última hora... Não houve tempo, contudo, para qualquer recomendação. A morte arrebatou-me a vestimenta de carne, assim como a faísca elétrica derruba a árvore distraída.

Quanto a dizer-lhes, porém, com franqueza, o que me sucedeu, devo afirmar-lhes que, por enquanto, me sinto tão ignorante do fenômeno da morte, assim como, quando estava junto de vocês, desconhecia totalmente o processo de meu nascimento na esfera física.

Creio mesmo que, em minhas atuais condições, guardar a lembrança de que sou o Sampaio já é demais...

Posso, em razão disso, apenas notificar-lhes que acordei num leito muito limpo, acreditando-me em casa.

O corpo não se modificara.

Em minha imaginação, retomava a luta cotidiana em manhã vulgar... Mas quando vi minha mãe ao pé de mim, quando seus olhos me falaram sem palavras, ah! meus amigos, o meu deslumbramento deve ter sido igual ao do prisioneiro que se vê, repentinamente, transferido de um cárcere de trevas para a libertação em plena luz.

Graças a Deus, entendi tudo!...

Abracei Mãe Antoninha[7] com as lágrimas felizes de uma criança que retorna ao colo materno...

Rebentava em mim, naquela hora, uma saudade penosamente sofrida, com muito choro represado no coração.

Que palavras da Terra descreveriam meu júbilo?

Ainda nos braços de minha mãe, compreendi que o Espiritismo no caminho humano é assim como a alfabetização de nossa alma para a vida eterna, pois não precisei de argumento algum para qualquer explicação a mim mesmo.

Entretanto, cessada que foi aquela primeira explosão de alegria, recordei o *Sampaio carnal*, e vigorosa dor oprimiu-me o peito. Minhas velhas contas com a angina pareciam voltar. A dispneia assaltou-me de improviso, mas nova expressão de ventura aguardava me o sentimento.

Nosso Dr. Bezerra[8] veio ter comigo e pude beijar-lhe as mãos.

Sabem lá o que seja isso?

---

[7] Nota do organizador: Refere-se o amigo à sua genitora, há muito desencarnada.

[8] N. E.: Dr. Adolfo Bezerra de Menezes.

Bastou que sua destra carinhosa me visitasse a fronte para que o velho trapo de carne fosse esquecido...

Desde esse instante, vi-me à maneira do colegial satisfeito em nova escola.

Mãe Antoninha informou-me de que um hospital-educandário me havia admitido.

Meu tratamento restaurador obedeceu aos passes magnéticos e à linfoterapia, palavra nova em minha boca.

Termas enormes recolhem os enfermos, cada qual segundo as suas necessidades.

Por minha vez, de cada mergulho na água benfazeja e curativa, regressava sempre melhor, até que minhas forças se refizeram de todo.

Regularmente recuperado, pude voltar, em companhia de nossos benfeitores, às minhas casas inesquecíveis de trabalho e de fé, o "Regeneração"[9] e o "Meimei".[10]

Graças a Jesus, tenho escutado o Evangelho com outros ouvidos e aprendido a nossa Doutrina com novo entendimento.

Tenho agora livros e livros ao meu dispor.

Muitos companheiros são trazidos ao nosso hospital, em terrível situação. Não se *alfabetizaram* para o continuísmo da existência e sofrem muito, requisitando o concurso de magnetizadores que lhes extraem as recordações, quais médicos arrancando tumores internos de vísceras doentes. Essas recordações projetam-se fora deles para que compreendam e se aquietem.

---

9 Grupo Espírita Regeneração, sediado no Rio de Janeiro.

10 Nota do organizador: Grupo Meimei, sediado em Pedro Leopoldo, Minas Gerais.

Mas, por felicidade deste criado de vocês, venho tomando contato com a memorização, muito vagarosamente.

É imprescindível muita precaução para que nosso Espírito, despojado da matéria densa, não penetre de surpresa nos domínios do passado, habitualmente repleto de reminiscências menos dignas, que podem perturbar muitíssimo os nossos atuais desejos.

Via de regra, no mundo, sentimo-nos sequiosos pelo conhecimento do pretérito.

Aqui, suplicamos para que esse conhecimento seja adiado, reconhecendo que, na maioria dos casos, ele nos alcança qual ventania tumultuosa, abalando os alicerces ainda frágeis das boas ideias que conseguimos assimilar.

Por esse motivo, sou agora um aprendiz de mim mesmo, agindo com muita cautela para não estorvar a proteção que estou recebendo.

"Tudo aqui é como aí",[11] hoje percebo melhor o sentido da pequena mensagem que recebemos juntos: "Tudo aqui é como aí, mas aí não é como aqui".

Nossas vestes, utilidades e alimentos, no plano de recém-desencarnados em que me encontro, embora mais sutis, são aproximadamente análogos aos da Terra.

Tenho perguntado a muitos amigos, com quem posso trocar ideias, quanto à formação das coisas que servem à nossa nova moradia... Todos abordam o assunto, de maneira superficial, como acontece no mundo, onde um químico discorre sobre a água, um botânico expõe teorias quanto à natureza das plantas ou um médico leciona sobre o corpo humano... Mas, no fundo, o químico estuda o hidrogênio e o oxigênio sem conhe-

---

[11] Nota do organizador: Refere-se o visitante à singela mensagem que recebemos juntos no Grupo Espírita Meimei, quando um amigo desencarnado sintetizou para nós as suas notícias do Mundo Espiritual com as seguintes palavras: — "Tudo aqui é como aí, mas aí não é como aqui".

cer-lhes a origem, o botânico fala da planta, incapaz de penetrar-lhe o segredo, e o médico avança desassombrado em torno da constituição do corpo humano, ocultando com terminologia complicada o enigma da simples gota de sangue.

Aqui também, na faixa de luta em que me encontro, apenas sabemos que a matéria se encontra em novo estado. Dinamizada especificamente para nossos olhos, para nossos ouvidos e para as nossas necessidades, como na Terra surge graduada para as exigências e problemas da escola humana.

Não me alongarei, porém, neste assunto.

Somente aspiro a algum contato com vocês para dizer-lhes que o velho amigo está reconhecido e satisfeito.

Desfruto hoje a alegria do paralítico que recobrou os movimentos, do cego que tornou à claridade, da criança embrutecida que alcançou o princípio da própria educação...

Sinto-me outro, contudo devo afirmar-lhes que a desencarnação exige grande preparo a fim de que seja uma viagem tranquila.

Tudo aqui sobrevive. Os hábitos, os desejos, as inclinações, as boas ideias e os pensamentos indignos reaparecem conosco, além-túmulo, tanto quanto as qualidades nobres ou deprimentes ressurgem, acordadas em nós, na experiência física, depois do repouso noturno, cada manhã.

Dois flagelos ainda agora me atormentam: o costume de fumar e a conversação sem proveito.

Tenho sido carinhosamente auxiliado para que me liberte de semelhantes viciações.

Com respeito ao fumo, o verdadeiro prejudicado sou eu próprio, no entanto, a palavra inútil impõe-me o remorso do tempo perdido pela desatenção.

Apesar de tudo, estou renovado e otimista, esperando continuar estudando o Evangelho, para que eu possa transferir-me, do hospital-educandário em que ainda me vejo, para o trabalho ativo, porquanto, aprendendo a viver em regime de utilidade para os outros, estarei cooperando em favor de mim mesmo.

Que Jesus seja louvado!

Antônio Sampaio Júnior

41

EM PRECE A JESUS

Nas tarefas da noite de 29 de março de 1956, justamente quando a Cristandade comemorava o sacrifício de Jesus, foi Cerinto, o amigo espiritual que já apresentamos aos nossos leitores, quem veio orar conosco.

Emocionando-nos intensamente com a sua inflexão de voz, que lhe denunciava a profunda renovação íntima, pronunciou Cerinto a sua prece em lágrimas.

Senhor Jesus!

Divino condenado sem culpa!...

Enquanto te rememoramos o madeiro de ignomínia, lança tua bênção sobre nós, os que nos enfileiramos, junto à rebeldia do Mau Ladrão...

Tu que te deixaste sacrificar pelos que morriam no cativeiro do mundo, lembra-te daqueles que ainda escravizam.

Tu que te confiaste à extrema renúncia pelos que padeciam na miséria, não te esqueças daqueles que ainda estendem na Terra o sofrimento e a ignorância, a fome e a nudez!

Muitos, ó Eterno Benfeitor, te rogarão socorro para os que foram relegados à intempérie, entretanto, nós sabemos que a tua presença sublime aquece todos os que foram abandonados à noite da provação e, por isso, rogar-te-emos abrigo para as mãos que erguem templos em tua memória, esquecendo fora das portas os que soluçam de frio...

Ah, Senhor! Quantos te pedirão pela ovelha estraçalhada longe do aprisco!... Nós, no entanto, não desconhecemos que o teu olhar vela, poderoso e vigilante, ao pé de todos os vencidos, convertendo-lhes a dor em pão de tua graça, nos celeiros da eterna vitória!... Suplicar-te-emos, assim, abençoes o lobo que se julga triunfante.

Mestre da Cruz, compadece-te, pois, de todos nós, os que te buscamos com a oração do arrependimento, crucificados ainda no madeiro de nossa crueldade, algemados ao cárcere de nossos próprios crimes, garroteados pelas recordações dolorosas que nos entenebrecem a consciência!

Ampara-nos, Senhor, a nós, os que abusamos da inteligência, os que exploramos as viúvas e os órfãos, os que deliberadamente fugimos ao amor que nos ensinaste!...

Excelso Benfeitor, estende sobre nós teu olhar compassivo, Tu, Senhor, que, enquanto recebias as manifestações de solidariedade e pesar das mulheres piedosas de Jerusalém, pensavas em como haverias de converter a fraqueza de Pedro em resistência e como haverias de levantar o espírito de Judas, nosso irmão!...

Ó Senhor, compadece-te, ainda, das cruzes que talhamos, das aflições criadas por nós mesmos e lança do lenho que não merecias o teu olhar de perdão sobre as nossas dores, para que sejamos, ainda, hoje como ontem, aliviados por tuas sublimes palavras: — "*Perdoa-lhes, meu Pai, porque efetivamente não sabem o que fazem*".

Cerinto

42
Obedeçamos

Na noite de 5 de abril de 1956, um desajuste na instalação elétrica obrigou-nos a efetuar nossa reunião à luz de velas.

Todas as tarefas foram executadas normalmente, contudo, no horário das instruções, lamentamos a ausência da força para o serviço da gravadora de vozes.

Controlando o médium, nosso amigo espiritual André Luiz havia transmitido valiosa síntese evangélica, sem que lhe pudéssemos registrar a palavra.

Encerradas as nossas atividades, lastimávamos a perda de que fôramos vítimas, contudo, qual aconteceu de outras vezes, o médium vê companheiros desencarnados trazendo-nos um aparelho gravador do Plano Espiritual. Toma, então, do lápis e, escutando a mensagem por eles mesmos arquivada, escreve sem pestanejar o comunicado que ouvimos, expressão por expressão, palavra por palavra.

Eis aqui a síntese a que nos referimos.

Meus amigos:

Companheiros existem que não se cansam de alegar incapacidade para o serviço do bem.

No entanto, o serviço do bem pertence, na Terra, a Nosso Senhor Jesus Cristo e compete a nós outros a obrigação de nos afeiçoarmos a Ele para sermos intérpretes de seu Infinito Amor.

Recorramos à Natureza para que nos ilustre a asserção.

O fio de cobre, largado na via pública, não passa de bagatela, mas ligado ao poder da usina é transmissor de luz e força.

O cano de chumbo, abandonado à poeira, é tropeço na estrada, contudo, em se ajustando ao reservatório, é mensageiro da água pura.

A argila, dormindo no charco, é simples trato de lama, todavia, entregue aos cuidados do oleiro, converte-se em vaso nobre.

A pedra, solta no campo, é calhau pobre e esquecido, mas, se unida à construção, é alicerce do lar.

A lagarta na amoreira é triste animal, de aspecto repelente, mas, trazida à indústria do fio, produz a seda brilhante.

A tripa de carneiro, estendida ao sol, é realmente algo desprezível, contudo, transformada na corda do violino, é abrigo doce da música.

Entretanto, o fio de cobre para iluminar padece a tensão da energia elétrica, o cano de chumbo necessita disciplinar-se para servir, a argila experimenta o insulto do fogo para erguer-se em utilidade, a pedra sofre a própria ocultação para erigir-se em sustentáculo, a lagarta deve morrer para auxiliar, e a tripa de carneiro passa por longo processo renovador a fim de responder com segurança aos sonhos do musicista.

Em verdade, todos somos corações frágeis, almas culpadas, consciências denegridas e Espíritos transgressores, diante da Lei, mas, ligados ao Espírito de Nosso Divino Mestre, podemos ser instrumentos do Eterno Bem.

Não basta, porém, salientar as nossas fraquezas, cultivando a preguiça e a falsa modéstia.

É imprescindível abraçar a verdadeira humildade, com obediência e disciplina, ante os desígnios do Senhor, porque, aprendendo e servindo, amando e ajudando, lutando e sofrendo em sua causa sublime, será possível cumprir-lhe a Divina Vontade e retratar-lhe a Divina Luz.

André Luiz

43
Apelo à união

Noite de 12 de abril de 1956.

No justo momento das instruções, tivemos a visita do Espírito Pedro da Rocha Costa, antigo seareiro de nossa Doutrina Consoladora, na cidade de Cachoeiro do Itapemirim, Estado do Espírito Santo, e ali desencarnado, companheiro esse cuja presença já vinha sendo notada, desde algum tempo, em nossas reuniões, pelos nossos clarividentes.

Pedro da Rocha Costa, incorporado no médium, em síntese notável formula precioso apelo à união que a todos sobremaneira nos interessa.

Jesus Cristo Nosso Senhor seja louvado.

Em nossa Doutrina Redentora, as campanhas de assistência são inegavelmente as mais variadas.

Temos as que favorecem os recém-nascidos, relegados ao desamparo, as da sopa dedicada aos famintos da jornada humana, as de socorro aos companheiros obsidiados que reúnem os caracteres firmes e os corações generosos em benefício dos alienados mentais, as do cobertor para as noites enregelantes do inverno, visando ao reconforto daqueles irmãos sitiados na carência de recursos terrestres, as dos ambulatórios que se abrem acolhedores em favor dos doentes, dos feridos e dos angustiados de todas as procedências, as do remédio gratuito e valioso, que objetivam o alívio dos enfermos necessitados e temos ainda aquelas das conferências públicas que veiculam o conhecimento doutrinário para a ignorância das criaturas que tateiam ainda nas sombras da inteligência.

Dispomos dos mais diversos movimentos de caridade para os quais há sempre bolsas abertas e braços amigos, trabalhando na redenção do próximo, principalmente na salvação do equilíbrio orgânico dos nossos companheiros de Humanidade.

Entretanto, seria de todo muito oportuna uma campanha mais vasta, da qual participem os nossos sentimentos mais dignos, favorecendo-nos a união no campo do Espiritismo.

Não nos reportamos à união dos pontos de vista, porque a igualdade do pensamento é francamente impraticável.

Cada Espírito observa o painel do mundo, conforme a visão que já conseguiu descerrar no campo de si mesmo, e cada alma repara as manifestações da Vida, segundo o degrau evolutivo em que se coloca.

Referimo-nos à união fraternal, através da tolerância construtiva e cristã, por intermédio da desculpa automática a todas as pequeninas ofensas e a todas as insignificantes incompreensões do caminho, para que a bandeira renovadora de nossa fé não se perca na escura província do tempo perdido.

União, através da prece que auxilia em silêncio, do gesto que ajuda sem alarde, da atitude que ampara sem ruído e da língua capaz de estender o amor de Jesus no combate sistemático à maledicência, à calúnia, à perturbação, à indisciplina e à desordem...

Ninguém imagina, nas leiras de serviço em que a convicção espírita deve servir infatigavelmente, quanto nos dói o tempo desaproveitado, depois que o corpo de carne — a enxada sublime — nos escapa das mãos espirituais.

Indiscutivelmente, é preciso haver perdido a oportunidade para que o valor dela se nos apresente tal qual é aos olhos da mente acordada nos compromissos que esposamos diante do Cristo.

Em verdade, não disponho de elementos intelectuais para a criação de muitas imagens, em torno da tese que nos serve de assunto nesta visita rápida, contudo, reconhecemos-lhe a imensa importância.

Por isso mesmo, encerramos a nossa conversação despretensiosa, rogando a Jesus nos desperte o entendimento para que a comunhão fraternal seja, de fato, uma campanha que venha a merecer de todos nós, desencarnados e encarnados, no Espiritismo com Jesus, a fiel atenção que será justo consagrar-lhe, para que as nossas horas, no dia de hoje, não estejam amanhã vazias com os tristes selos da inutilidade que denominamos "remorso" e "arrependimento".

Pedro da Rocha Costa

44
CARIDADE NA BOCA

Reunião da noite de 19 de abril de 1956.

O encerramento de nossas tarefas trouxe-nos a presença do amigo José Xavier, que, com a sua maneira peculiar de dizer, pronunciou a interessante alocução poética que vamos ler.

Amigos, embora seja

A minha frase malposta,

Recordemos a palavra

De Pedro da Rocha Costa.[12]

Inda agora o nosso Ênio[13]

Releu com toda a atenção

[12] Nota do organizador: Refere-se nosso amigo ao comunicante da reunião precedente.

[13] Nota do organizador: Reporta-se o companheiro ao nosso amigo Ennio Santos, da equipe do Grupo Meimei, que, no início das tarefas, havia lido um trecho do Evangelho acerca do perdão.

O ensinamento do Mestre,
Referente à compaixão.

Contra a guerra persistente
Da maldade estranha e louca,
Adotemos a campanha
Da caridade na boca.

O Espiritismo é doutrina
De bênçãos do amor cristão,
Que nos pede cada dia
Mais ampla renovação.

Renovação, entretanto,
Quer dizer em toda idade
Constante esforço no bem,
Perdão e boa vontade.

Mas muitos de nós mantemos

O vício gritante e feio

De comentar com volúpia

Os infortúnios alheios.

Onde a desculpa escasseia,

De luz a paz morre à míngua.

Usemos, pois, com cuidado

A força de nossa língua.

“Palavras o vento leva”

— Exclama velho rifão.

Mas há palavras que esmagam

A vida do coração.

Ditamos afirmativas,

Em tom carinhoso e ameno,

Que valem por temporais
De lodo, lama e veneno.

De outras vezes, nosso verbo
Parece robusto e forte,
Mas reduz-se a sabre firme,
Abrindo chagas de morte.

Há línguas de acento nobre
Em que a eloquência não falha,
Que vergastam como açoite
E cortam mais que navalha.

Há muita boca elegante,
Aveludada de arminho,
Que cospe na caminhada
Corda e pedra, fogo e espinho.

É que na Terra esquecemos,
Na sombra de nosso trato,
Que, além da morte, encontramos
O nosso próprio retrato.

Caridade!... Caridade!...
Quanta fala escura e inversa!...
Quem deseja auxiliar
Principia na conversa.

Não olvidemos na vida,
Na sede de luz total,
Que a boca maledicente
É uma oficina infernal.

Toda frase escura e torpe,
De que o torvo mal se ceva,

É uma força vigorosa

Que estende o poder da treva.

Quanto ao mais, Deus nos ajude

A guardar a Lei de cor,

Procurando em Jesus Cristo

A nossa vida maior.

E, ao despedir-me, repito

Para o que der e vier:

Guardai convosco a amizade

Do irmão José Xavier.

José Xavier

45
LOUCURA E RESGATE

Na noite de 26 de abril de 1956, foi trazido à comunicação o Espírito Raimundo Teixeira, que sofreu aflitiva prova na alienação mental.

Os apontamentos do visitante, que foram alinhados sob a legenda "loucura e resgate", valem igualmente, a nosso ver, por precioso estudo no tema "reencarnação e justiça".

Conduzido ao recinto por devotados instrutores espirituais, recomendam eles algo vos diga de minhas provas.

Entretanto, minhas dificuldades são quase insuperáveis para relacionar com a palavra os tremendos episódios de minha terrível experiência.

Sou uma alma pobre que ainda convalesce de aflitiva loucura no campo físico.

Não creio que o verbo articulado possa exprimir com segurança tudo aquilo que expresse meus estados emocionais.

Ainda assim, posso garantir-vos que tenho atravessado inimagináveis suplícios.

Por mais de vinte anos, fui vítima de flagelações e tormentos que culminaram em transes de pavoroso desespero, não pelas dores de origem material que me dilaceravam o corpo, mas sim porque, na condição de alienado mental, guardava, no fundo de meu ser, a consciência de todos os meus atos, embora não pudesse governar meus infelizes impulsos.

Perambulei no mundo à maneira de alguém que se visse sob o guante invencível de inteligências perversas, como pode acontecer a um homem irremediavelmente prisioneiro de malfeitores, em sua própria moradia.

Por mais orasse, por mais anelasse o bem e por mais quisesse comandar a própria existência, os terríveis carcereiros das minhas atividades mentais compeliam-me a atitudes deploráveis que, de início, me angariaram o desafeto dos familiares mais queridos ao coração.

Era constrangido a práticas ignominiosas, impelido a pronunciar palavras que me afastavam toda e qualquer simpatia e a perpetrar atos que provocavam, em torno de mim, repugnância e temor.

E, por essa razão, relegado à atmosfera deprimente dos loucos, nela padeci não apenas os mais dolorosos processos de tratamento médico, como sejam, a insulinoterapia, a malarioterapia e o eletrochoque, mas também os bofetões de enfermeiros desapiedados e o poste de martírio, a camisa de força e a solidão.

Isso tudo sofri com a tácita aprovação de minha consciência, pois no íntimo me reconhecia culpado.

Colocava-me na situação de quantos me assistiam caridosamente e concluía que, na posição deles, infligiria a mim mesmo os mais duros castigos, de vez que os ocupantes de meu campo mental me impeliam à delinquência e ao desrespeito, ao insulto e à viciação.

Chorei tanto que acredito haverem as lágrimas aniquilado os meus olhos encadeados a medonhas alucinações.

Amarguei tanto a vida que o sofrimento por fim me venceu diante das testemunhas implacáveis de minha dor — testemunhas que me acusavam sem que ninguém as ouvisse, que me espancavam sem que ninguém lhe presenciasse os assaltos, que me acompanhavam dia e noite sem que ninguém lhes pressentisse a presença.

E tamanho foi o meu infortúnio que, em me libertando do cárcere da prova, desarvorado e desiludido, pedi à Providência Divina, por mil modos, que uma explicação me aliviasse o torturado raciocínio, porquanto, ainda mesmo fora do corpo carnal, a malta de perseguidores continuava assacando contra mim gritos soezes, tentando escravizar-me de novo a mente desditosa...

Foi, então, que, ao socorro de instrutores amigos, me vi em surpreendente retorno à condição em que me achava antes da internação na carne para a terrível provação da loucura...

Identifiquei-me em pleno espaço, desolado e errante, cercado por centenas de verdugos que me buscavam o Espírito, impondo-me à visão tremendos quadros — quadros esses que, pouco a pouco, me reconduziram ao posto que eu deixara anteriormente, por meio da morte...

Sim, eu havia sido um juiz que abusara da dignidade do meu cargo.

Vi-me envergando a toga do magistrado, que me competia preservar impoluta, desfrutando invejável eminência social na Terra, mas enceguecido pelos interesses do grupo político a que me filiara, com desvairada paixão.

Torcia o direito para quase todos aqueles que me buscavam, tangidos pelas circunstâncias, conspurcando o tribunal que me respeitava, transformando-o em ominoso instrumento de crime e revolta, perversidade e miséria, desânimo e desespero, porque as minhas sentenças forjavam todos esses males.

Mas não consegui ludibriar a verdadeira justiça.

Deixando o veículo físico, as minhas vítimas se converteram em meus juízes e todas aquelas que me não podiam perdoar seguiram-me os passos na esfera espiritual, tecendo-me a cadeia de tormentos inomináveis, a explodirem no pavoroso desequilíbrio com que ressurgi entre as criaturas humanas, na existência última.

Atravessei uma infância atormentada...

Para os médicos, eu não passava de pobre exemplar da esquizofrenia.

Alcancei a juventude tumultuária e triste dos que não possuem qualquer estabilidade de raciocínio para a fixação dos bons propósitos, e, tão logo atingi a maioridade, meus implacáveis acusadores senhorearam-me a estrada, conturbando-me a vida, e, desse modo, como alienado mental fui submetido ao julgamento de todos eles, experimentando, por mais de quatro lustros, flagelações e torturas que não posso desejar aos próprios Espíritos satanizados nas trevas.

Sou, assim, um doente desventurado procurando restaurar a si mesmo, depois de terrível inferno no coração.

Não acredito que a minha palavra possa trazer qualquer apontamento que induza ao consolo.

Entretanto, o juiz louco que fui, o juiz que impôs a si próprio horrenda enfermidade da alma, pode oferecer alguma advertência aos que manobram com a autoridade no mundo e a todos os que ainda podem recuar nas deliberações infelizes!...

Diante de mim vibra o Tempo, o grande julgador...

Possa a Divina Compaixão conceder-me com esse juiz silencioso, cujas palavras para nós são as horas e os dias do mundo terrestre, a oportunidade de ressarcir minhas faltas, porque, por enquanto, o juiz que dementou a si mesmo apenas ingressou na fase inicial do reajuste, da qual se transferirá para o campo expiatório, onde, face a face com as suas antigas vítimas, será obrigado a solver seus clamorosos débitos, ceitil por ceitil.

Deus seja louvado!...

Raimundo Teixeira

46
VALIOSA OBSERVAÇÃO

Nas tarefas da noite de 3 de maio de 1956, recebemos a palavra do nosso amigo Efigênio S. Vítor que abordou valioso tema, de sumo interesse para todos nós, os estudantes do Espiritismo.

Estejamos todos nós na paz do Senhor.

Com ligeiras palavras, abordaremos certo assunto que nos fala de perto aos serviços de intercâmbio.

Referimo-nos à estranheza que nos infundem muitas das dificuldades com que se evidenciam as entidades sofredoras e enfermiças em seus processos de comunicação.

Surgem nelas, quando menos esperamos, frustrações da memória com absoluta ocultação da personalidade, fazendo-se acompanhar por hiatos de cultura e de problemas sentimentais com que não contávamos, em se tratando de criaturas de nosso convívio pessoal, na experiência terrestre.

Criaturas que se nos afiguravam respeitáveis, emergem nas lides mediúnicas com expressões irreconhecíveis à nossa apreciação, e almas simples, que nos pareciam corretas, revelam-se de tal modo conturbadas que as manifestações, a elas atribuídas, em várias circunstâncias mais se assemelham a tremendas mistificações.

Não podemos, entretanto, esquecer, nesse gênero de serviço, que nos achamos em contato com inteligências desencarnadas, muita vez padecendo ásperos choques em sua organização perispirítica, a se expressarem por amnésia parcial ou total.

O observador exigente poderá regalar-se na crítica, exigindo elementos de identificação individual imediata para que a sobrevivência seja necessariamente positivada, olvidando, porém, que ele mesmo, numa simples hora de temporário desprendimento, por meio do sono, não pode responder pelas próprias impressões, de vez que se envolve em campos emotivos, dificilmente transitáveis, adstritos à realidade de que ainda nos vemos muito distantes do comando completo de nossa vida mental, em toda a sua maravilhosa extensão.

É indispensável reparar, assim, que, nas atividades de assistência aos nossos irmãos infelizes ou extraviados nas trevas, em muitas ocasiões tratamos de perto com Espíritos caídos nas faixas de existências pretéritas, respirando em linhas inferiores de sensações e impressões que eles mesmos acreditavam definitivamente abandonadas, quando, no corpo denso, nada fizeram por extirpar as raízes dos sentimentos indesejáveis que nutriram apaixonadamente em outras épocas.

Esses fenômenos, quando surgem, revelam-se diante de nós como enigmas mediúnicos de tremenda importância para os apostulados de nossa fé; no entanto, basta nos acomodemos à lógica para observar, com justeza de propósitos, que se a nós mesmos é demasiado difícil o governo das potências sensoriais, enquanto residimos transitoriamente na carne, durante a hipnose espontânea, a exprimir-se no sono de cada dia, como será transcendente para os desencarnados, que não se prepararam ante a vida do espírito, o fenômeno da separação compulsória de tudo o que lhes constituía o império dos desejos e dos hábitos na Terra, império esse de que se afastaram pelo constrangimento da morte...

Daí nasce o impositivo de muita paciência e serenidade a quem assiste e a quem doutrina, a quem socorre e a quem ajuda no campo da obsessão, no qual mentes encarnadas e desencarnadas se jungem, desvairadamente, umas às outras, criando verdadeiras simbioses de perturbação e criminalidade.

É por isso que convidamos os companheiros à bondade e à tolerância, diante de qualquer indagação ou surpresa da esfera medianímica, guardando-se, inapagável, o lume da oração, porque através da prece o amparo dos Planos Superiores se manifesta, incontinente, auxiliando-nos no trato pacífico e edificante com todas as lutas naturais no caminho de quantos se propõem à tarefa de auxílio às mentes transviadas na sombra.

Esperamos que nossos irmãos possam, em diferente oportunidade, examinar a tese com propriedade e brilho de conceituação, definindo, com clareza possível, tais fenômenos que, em muitas circunstâncias, nos compelem a dúvidas desnecessárias e a lamentável perda de tempo.

Efigênio S. Vítor

47
Prece à Mãe Santíssima

Noite de 10 de maio de 1956.

Achávamo-nos em plena semana de comemorações afetivas, em torno do Dia das Mães.

Encerrando as atividades de nossa reunião, fomos agraciados com a visita do Espírito Anália Franco, inolvidável missionária do Espiritismo no Brasil, que se comunicou em nosso grupo pela primeira vez.

Ocupou as faculdades do médium e, impondo-nos religiosa veneração com a sua presença, orou de maneira empolgante e bela.

Mãe Santíssima!...

Enquanto as mães do mundo são reverenciadas, deixa te recordemos a pureza incomparável e o exemplo sublime...

Soberana, que recebeste na palha singela o Redentor da Humanidade, sem te rebelares contra as mães felizes, que afagavam Espíritos criminosos em palácios de ouro, ensina-nos a entesourar as bênçãos da humildade.

Lâmpada de ternura, que apagaste o próprio brilho para que a luz do Cristo fulgurasse entre os homens, ajuda-nos a buscar na construção do bem para os outros o apoio de nossa própria felicidade.

Benfeitora, que te desvelaste, incessantemente, pelo Mensageiro da Eterna Sabedoria, sofrendo-lhe as dores e compartilhando-lhe as dificuldades, sem qualquer pretensão de furtá-lo aos propósitos de Deus, auxilia-nos a extirpar do sentimento as raízes do egoísmo e da crueldade com que tantas vezes tentamos reter na inconformação e no desespero os corações que mais amamos.

Senhora, que viste na cruz da morte o Filho Divino, acompanhando-lhe a agonia com as lágrimas silenciosas de tua dor, sem qualquer sinal de reclamação contra os poderes do Céu e sem qualquer expressão de revolta contra as criaturas da Terra, conduze-nos para a fé que redime e para a renúncia que eleva.

Missionária, salva-nos do erro.

Anjo, estende sobre nós as níveas asas!...

Estrela, clareia-nos a estrada com teu lume...

Mãe querida, agasalha-nos a existência em teu manto constelado de amor!...

E que todas nós, mulheres desencarnadas e encarnadas em serviço na Terra, possamos repetir, diante de Deus, cada dia, a tua oração de suprema fidelidade:

"Senhor, eis aqui tua serva, cumpra-se em mim segundo a tua palavra".

Anália Franco

48
ANGÚSTIA MATERNA

Atingíramos o horário de lições em nossa reunião da noite de 17 de maio de 1956, quando, trazida ao recinto por nossos benfeitores espirituais, a irmã desencarnada, Sebastiana Pires, se utilizou das possibilidades mediúnicas para transmitir-nos a sua história, que passamos à consideração de nossos leitores como doloroso ensinamento ao amor materno.

O coração materno é uma taça de amor em que a vida se manifesta no mundo.

Ser mãe é ser um poema de reconforto e carinho, proteção e beleza.

Entretanto, quão grave é o ofício da verdadeira maternidade!...

Levantam-se monumentos de progresso entre os homens e devemo-los, em grande parte, às mães abnegadas e justas, mas erguem-se penitenciárias sombrias e devemo-las, na mesma proporção, às mães indiferentes e criminosas.

É que, muitas vezes, transformamos o mel da ternura, destinado por Deus à alimentação dos servidores da Terra, em veneno do egoísmo que gera monstros.

Fala-vos pobre mulher desencarnada, suportando, nas esferas inferiores, o peso de imensa angústia.

Resumirei meu caso para não vos inquietar com a minha dor.

Moça ainda, desposei Claudino, um homem digno e operoso, que ganhava honestamente o pão de cada dia em atividades comerciais.

Um filhinho era o maior ideal de nossos corações entrelaçados no mesmo sonho.

E, por essa razão, durante seis anos consecutivos orei fervorosamente, suplicando a Deus nos concedesse essa bênção...

Uma criança que nos trouxesse a verdadeira alegria, que nos consolidasse o reino de amor e felicidade...

Depois de seis anos, o filhinho querido vagia em nossos braços.

Chamamos-lhe Pedro, em homenagem ao segundo Imperador do Brasil, cuja personalidade nos merecia entranhado respeito.

Contudo, desde as primeiras horas em que me fizera mãe, inesperado exclusivismo me tomou o espírito fraco.

Acalentei meu filho como se a alma de uma leoa me despertasse no seio.

Não obstante os protestos de meu marido, criei Pedro tão somente para a minha admiração, para o meu encantamento e para o círculo estreito de nossa casa.

Muitas vezes perdia-me em cismas fantasiosas, arquitetando para ele um futuro diferente, no qual, mais rico e mais poderoso que os outros homens, vivesse consagrado à dominação.

Por esse motivo, mal ensaiando os primeiros passos, Pedro, estimulado por minha leviandade e invigilância, procurava ser forte em mau sentido.

Garantido por mim, apedrejava a casa dos vizinhos, humilhava os companheiros e entregava-se, no templo doméstico, aos caprichos que bem entendesse.

Debalde Claudino me advertia, atencioso.

Meus princípios, porém, eram diversos dos dele e eu queria meu filho para vaidosamente reinar.

Na escola primária, Pedro se fez pequenino demônio.

Desrespeitava, perturbava, destruía...

Ainda assim, vivia eu mesma questionando com os professores, para que lhe fossem assegurados privilégios especiais.

A criança era transferida de estabelecimento a estabelecimento, porque instrutores e serventes me temiam a agressividade sempre disposta a ferir.

Em razão disso, na primeira mocidade, vi meu filho incapacitado para mais amplos estudos.

A índole de Pedro não se compadecia com qualquer disciplina, porque eu, sua mãe, lhe favorecera o despotismo, a vaidade e o orgulho gritantes.

Quando nosso rapaz completou dezesseis anos, o pai amoroso e correto providenciou-lhe tarefa digna, mas, findo o terceiro dia de trabalho, Pedro chegou em casa choramingando, a queixar-se do chefe, e eu, em minha imprudência, lhe aceitei as lamentações e exigi que Claudino lhe dobrasse a mesada, retirando-o do emprego em que, a meu ver, apenas encontraria pesares e humilhações.

O esposo me fez ver a impropriedade de semelhante procedimento, no entanto, amava-me demais para contrariar-me os caprichos e, a breve tempo, nosso filho entregou-se a deploráveis dissipações.

Aquele para quem idealizara um futuro de rei chegava ao lar em horas avançadas da noite, cambaleando de embriaguez.

O olhar piedoso de Claudino para as minhas lágrimas dava-me a entender que as minhas preocupações surgiam demasiado tarde.

Todos os meus cuidados foram então inúteis.

Gastador e viciado, Pedro confiou-se à bebida, à jogatina, comprometendo-se num estelionato de grandes proporções, em que o nome paterno se envolveu numa dívida muito superior às possibilidades de nossa casa.

Claudino, desditoso e envergonhado, adoeceu, sem que os médicos lhe identificassem a enfermidade, falecendo após longos meses de martírio silencioso.

Morto aquele que me fora companheiro devotadíssimo, vendi nossa residência para solver grandes débitos.

Recolhi-me com Pedro num domicílio modesto, entretanto, embora me empregasse, aos 50 anos, para atender-lhe as necessidades, comecei a sofrer, das mãos de meu filho ébrio, dilacerações e espancamentos.

Certa noite, não pude conter-lhe os criminosos impulsos e caí golfando sangue...

Internada num hospital de emergência, senti medo de partilhar o mesmo teto com o homem que meu ventre gerara com desvelado carinho e que se me transformara em desapiedado verdugo.

Fugi-lhe, assim, ao convívio.

Procurei velha companheira da mocidade, passando a morar com ela num bairro pobre.

E, juntas, organizamos pequeno bazar de quinquilharias.

Pensava em meu filho, agora, entre a saudade e a oração, entregando-o à proteção da Virgem Santíssima.

Finda a tarefa diária, recolhia-me a sós em singelo aposento, trazendo em minhas mãos o retrato de Pedro e rogando ao Anjo dos Desvalidos amparasse aquele cuja posição moral eu apenas soubera agravar com desleixo delituoso.

Amealhei algum dinheiro...

Dez anos correram apressados sobre a minha nova situação.

E porque as nossas migalhas viviam entesouradas em meu quarto de velha indefesa, cada noite me armava de um revólver sob o travesseiro, ao mesmo tempo que desbotada fotografia era acariciada por minhas mãos.

Numa noite chuvosa e escura, observei que um homem me rondava o leito humilde.

Alteava-se a madrugada.

O desconhecido vasculhava gavetas procurando algo que lhe pudesse, naturalmente, atender à viciação.

Não hesitei um momento.

Saquei da arma e buscava a mira correta para que o tiro fosse desfechado com segurança, quando a luz de um relâmpago penetrou a vidraça...

Apavorada, reconheci, no semblante do homem que me invadia a casa, meu filho Pedro, convertido em ladrão.

Esmoreceram-se-me os braços.

Quis gritar, mas não pude.

A comoção insofreável como que me estrangulava a garganta.

Contudo, através do mesmo clarão, Pedro me vira armada e bradou, sem reconhecer-me de pronto:

— Não me mates, megera! Não me mates!

Avançou sobre mim como fera sobre a presa vencida e, despojando--me do revólver a pender-me das mãos desfalecentes, sufocou-me com os dedos que eu tantas vezes havia acariciado, e que me asfixiavam, agora, como garras assassinas...

Não consegui, realmente, pronunciar uma só palavra.

No entanto, ligada ainda ao meu corpo, meus olhos e meus ouvidos funcionavam eficientes.

Registrei-lhe o salto rápido sobre o acendedor de luz...

Naturalmente, ele agora contava simplesmente com um cadáver.

Contemplei-o com a ternura da mulher que ainda ama, apesar de sentir-se em derrocada suprema, e notei que Pedro se inclinou, instintivamente, para a minha mão esquerda, crispada, a guardar-lhe a fotografia.

Horrorizado, exclamou:

— Mãe, minha mãe! Pois és tu?

Para falar com franqueza, daria tudo para volver ao equilíbrio orgânico, acariciar-lhe de novo os cabelos e dizer-lhe: "Filho querido, não se preocupe! Regenere-se e sejamos felizes voltando a viver juntos! Estou velha e cansada... Fique comigo! Figue comigo!...".

Entretanto, minha língua jazia inanimada e minhas mãos estavam hirtas.

Lágrimas ardentes borbotavam-me dos olhos parados, enquanto a voz querida me gritava estridente:

— Mamãe! Mamãe! Minha mãe!...

Um sono profundo, pouco a pouco, se apoderou de mim e somente mais tarde acordei numa casa de socorro espiritual, onde pude reconstituir minhas forças para empreender a restauração de minha alma diante da Lei.

No entanto, até agora, busco meu filho para rogarmos juntos a bênção da reencarnação em que eu possa extirpar-lhe do sentimento a hera maldita do orgulho e do egoísmo, da viciação e da crueldade.

E enquanto sofro as consequências de meus erros deliberados, posso clamar para as minhas companheiras do mundo:

Mães da Terra, educai vossos filhos!

Afagai-os no carinho e na retidão, na justiça e no bem.

Uma criança no berço é um diamante do Céu para ser burilado.

Lembrai-vos de que o próprio Deus, em conduzindo à Terra o seu Filho Divino, Nosso Senhor Jesus Cristo, fê-lo nascer numa estrebaria, deu-lhe trabalho numa oficina singela, induziu-o a viver em serviço dos semelhantes e permitiu que Ele, o Justo, fosse imerecidamente imolado aos tormentos da cruz.

Sebastiana Pires

49
Ouçamos

Na fase terminal da nossa reunião de 24 de maio de 1956, tivemos a satisfação de receber a visita do Espírito Carlos Goiano, que foi nosso companheiro de ideal em São João del-Rei, estado de Minas Gerais.

Suas observações, expressivas e simples, revestem-se de singular interesse para a nossa reflexão.

Alguém já disse que os espíritas desencarnados, quando aparecem à barra das comunicações mediúnicas, permanecem carregados de complexos de culpa, e tinha razão.

Quase todos nós, atravessado o pórtico do sepulcro, retornando aos nossos templos de serviço e de fé, somos portadores de preocupação e remorso...

Raros de nós conseguimos sustentar tranquilidade no semblante moral.

E, habitualmente, em nos fazendo sentir, denunciamos a posição de infelizes, entre a queixa e o desencanto, relacionando as surpresas que nos dilaceram a alma, o encontro de dores imprevistas, a identificação de problemas inesperados...

Topamos lutas com as quais não contávamos e derramamos lágrimas de aflição e arrependimento tardio...

Entretanto, isso acontece para demonstrar que, em nosso ideal redentor, esposamos a fé ao modo daqueles que se adaptam por fora a certas convicções intelectuais, guardando anquilosados por dentro velhos erros difíceis de remover.

"Procurai e achareis" — disse-nos o Mestre.

E na condição de espíritas esquecidos da necessidade de autorregeneração, usamos a nossa Doutrina na conquista de facilidades temporais que nos falem de perto ao conforto, olvidando que nós mesmos é que deveríamos ser usados por ela na construção de nosso próprio bem, por meio do bem a todos aqueles que nos acompanham na Terra.

"Procurai e achareis", sim...

Mas procuramos a satisfação desordenada de nossos desejos e buscamos a acomodação com a nossa inferioridade, desfazendo-nos em múltiplos tentames de amparo às requisições de nossa existência materialona, entre os homens nossos irmãos, olvidando, quase que totalmente, os imperativos de nossa reforma, nos padrões do Cristo, que afirmamos acompanhar, e, daí, as tragédias encontradas na própria mente — a velha arquivista de nossos sentimentos, pensamentos, palavras e ações, antiga registradora de nossa vida real — a exibir-nos, à face da Lei, todos os quadros que nós mesmos plasmamos com invigilância deplorável.

Em verdade, como espíritas, fartamo-nos excessivamente no campo das bênçãos divinas.

Todos estamos informados, com respeito às próprias responsabilidades e obrigações, entregues ao nosso livre-arbítrio, sem autoridades religiosas que nos imponham pontos de vista, ou capazes de cercear-nos o voo no caminho ascensional da verdadeira espiritualização.

Sabemo-nos confiados a nós mesmos, diante de Nosso Senhor, para construir abençoado futuro, além da morte, com trabalho inadiável no bem, cada dia, mas sentimo-nos na posse desse tesouro de liberdade à maneira dos filhos perdulários de uma casa generosa e rica que malversam os bens recebidos, ao invés de utilizá-los em benefício próprio.

Assim, pois, terminando a nossa arenga despretensiosa, propomo-nos simplesmente recordar outra assertiva do Nosso Divino Condutor:

"*Batei e abrir-se-vos-á*".

As palavras do Cristo não são dúbias.

Constituem enunciado positivo.

"*Batei e abrir-se-vos-á*."

Esses verbos, porém, tanto se reportam às portas do Céu como se referem às portas do Inferno...

Batamos, assim, à porta do estudo nobre, conquistando o conhecimento superior.

Insistamos à porta da caridade, incorporando a verdadeira alegria.

Procuremos a continência, a disciplina, a educação, e o serviço, com o dever retamente cumprido, para ingressarmos em esferas mais elevadas, a começar desde hoje.

Fala-vos humilde companheiro de ideal e de luta.

Não tenho a presunção de ensinar, de recomendar, de salvar...

Auscultando as minhas necessidades, é que, finalizando a conversação, desejo apenas recorrer ainda ao aviso de nosso Eterno Benfeitor:

"*Ouça quem tiver ouvidos de ouvir*!".

CARLOS GOIANO

50
Lembra-te de Deus

Reunião da noite de 31 de maio de 1956.

Encerrando-nos as lides da noite, comunicou-se Meimei, a abnegada irmã de nosso Grupo, que nos ofertou, como de outras vezes, a sua palavra generosa e consoladora.

Lembra-te de Deus para que não olvides a tua alma no labirinto das sombras.

O Criador vive e palpita na Criação que o reflete.

Quando estiveres ferido pelas farpas do sofrimento, lembra-te de Deus que, em muitas ocasiões, socorre a terra seca, por intermédio de nuvens tempestuosas.

Quando te sentires revoltado ante as misérias do mundo, lembra-te de Deus, cuja majestade permanece incorruptível no próprio fruto podre, por meio da semente pura em que a planta se renovará, exuberante e vitoriosa.

Lembra-te de Deus e aprende a não julgar com os olhos físicos, que apenas assinalam na Terra ligeiras nuances da verdade.

Tudo nos infinitos domínios do Infinito Universo é transformação incessante para a glória do bem.

Em razão disso, o mal é sempre efêmero nevoeiro na exaltação da eterna luz, e toda sombra, por mais dilatada no espaço e no tempo, não passa de expressão transitória no jogo das aparências.

Não reproves, assim, o solo estéril pela carência que patenteia e nem condenes a víscera cadavérica pelo bafio que exala, porque, amanhã, a Bondade de Deus pode reunir um e outro, com eles edificando um berçário de lírios.

Não te antecipes à Justiça do Pai Celeste quando fores incomodado, porque o Pai Celeste sabe distribuir o pão e a corrigenda com os filhos que lhe constituem o patrimônio de excelso amor.

Ainda mesmo diante do inferno que nós criamos na consciência com os nossos erros deliberados, ei-lo, bondoso, a expressar-se com o seu Divino Devotamento, transformando-o em lixívia que nos sane as mazelas da alma.

Trabalha, ajudando sempre, na certeza de que Deus sustenta a vida, para que a vida se aprimore.

Assim sendo, no princípio de cada dia ou no começo de cada tarefa nova, faze da oração a nota inicial de teu passo primeiro, para que te não falte a inspiração do Céu em toda a medida justa.

Quando fatigado, seja Deus teu descanso.

Quando aflito, seja Deus teu consolo.

Quando supostamente derrotado, seja Deus teu arrimo.

Quando em desalento, seja Deus tua fé.

Ergue, diariamente, um templo vivo de amor a Deus em teu espírito e rende-lhe preito incessante, por meio do serviço ao próximo, nas lutas de cada hora.

Em todos os lances de nossa peregrinação para os cimos, lembremo-nos de Deus para que não estejamos esquecidos de nós.

MEIMEI

51
Ato de caridade

Em nossa reunião da noite de 7 de junho de 1956, nossos benfeitores trouxeram-nos ao recinto o Espírito A. C., que nos contou a sua significativa experiência, aqui transcrita.

Oxalá possa ela acordar-nos para mais ampla exatidão, no desempenho de nossos compromissos, na esfera da caridade que, realmente, seja onde for e com quem for, é nosso simples dever.

Espiritismo...

Sou espírita...

Fora da caridade não há salvação...

Maravilhosas palavras!...

Contudo, quase sempre chegamos a perceber-lhes o divino significado depois da morte, com o desapontamento de uma pessoa que perdeu o trem para uma viagem importante, guardando, inutilmente, o bilhete na mão.

Utilizei-me de um corpo físico durante 55 anos, na derradeira romagem física.

Era casado.

Residia no Rio de Janeiro.

Mantinha a esposa e duas filhas.

Desempenhava a função de operoso corretor de imóveis.

E era espírita à maneira de tantos...

Nunca me interessei por qualquer meditação evangélica.

Não cheguei a conhecer patavina da obra de Allan Kardec.

Entretanto, intitulava-me espírita...

Frequentava sessões.

Aplaudia conferencistas.

Acompanhava as orações dos encarnados e as preleções dos desencarnados, com a cabeça pendida em reverência.

Todavia, encerrados os serviços espirituais, tinha sempre afeiçoados no recinto, a quem oferecer terras e casas, a quem vender casas e terras...

E o tempo foi passando.

Cuidava devotadamente do meu conforto doméstico.

Meu rico dinheiro era muito bem empregado.

Casa bem-posta, mesa farta, tudo do bom e do melhor...

Às vezes, um companheiro mais persistente na fé convidava-me a atenção para o culto do Evangelho no lar.

Mas eu queria lá saber disso?...

A meu ver, isso daria imenso trabalho.

Minha mulher dedicava-se à vida que lhe era própria.

Minhas filhas deveriam crescer tão livremente como desejassem, e qualquer reunião de ordem moral, em minha casa, era indiscutivelmente um tropeço ao meu bem-estar.

E o tempo foi passando...

Fui detentor de uma bronquite que me recebia a melhor enfermagem.

Era o dodói de meus dias.

Se chamado a qualquer atividade de beneficência, era ela o meu grande escolho.

No verão, estimava a sombra e a água fresca.

No inverno, preferia o colchão de molas e o cobertor macio.

E o tempo foi passando...

Sessões semanais bem frequentadas...

Orações bem ouvidas...

Negócios bem feitos...

Aos 55 anos, porém, um edema do pulmão arrebatou-me o corpo.

Francamente, a surpresa foi grande.

Apavorado, compreendi que eu não merecia o interesse de quem quer que fosse, a não ser das entidades galhofeiras que me solicitaram a presença em atividades criminosas que não condiziam com a minha vocação.

Entre o Centro Espírita e o lar, minha mente conturbada passou a viver uma experiência demasiado estranha...

Em casa, outros assuntos não surgiam a meu respeito que não fossem o inventário para a indispensável partilha dos bens.

E, no Centro, as entidades elevadas e amigas surgiam tão intensivamente ocupadas aos meus olhos, que de todo não me era possível qualquer interferência, nem mesmo para fazer insignificante petitório.

Para ser verdadeiro, não havia cultivado a oração com sentimento e, por isso mesmo, passei a ser uma espécie de estrangeiro em mim próprio, ilhado no meu grande egoísmo.

Ausentando-me do santuário de minha suposta fé, interiormente desapontado, encontrava o círculo doméstico, e, por vezes, ensaiava, na calada da noite, surpreender a companheira com meus apelos; entretanto, nos primeiros tentames senti tamanha repulsão da parte dela, a exprimir-se na gritaria mental com que me induzia a procurar os infernos, que eu, realmente, desisti da experiência.

Minhas filhas, visitadas por minha presença, não assinalavam, de modo algum, qualquer pensamento meu, porquanto se encontravam profundamente engolfadas na ideia da herança.

Não havia outra recordação para o carinho paterno que não fosse a herança... A herança... A herança...

Passei a viver, assim, dentro de casa, à maneira de um cão batido por todos, porque, francamente, não dispunha de outro clima que me atraísse.

Apenas o calor de meu lar sossegava-me as ânsias.

Alguns meses decorreram sobre a difícil posição em que me encontrava.

Alimentava-me e dormia nas horas certas, copiando os meus antigos hábitos.

Certa noite, porém, tive tanta sede de espiritualidade, tanto anseio de confraternização que, vagueando na rua, procurei o Alto da Tijuca para meditar, chorar e penitenciar-me...

Minhas lágrimas, contudo, eram dessa vez tão sinceras que alguém se compadeceu de mim.

Surgiu-me à frente um irmão dos infortunados e, com muita bondade, reconduziu-me ao velho templo espírita a que antigamente me afeiçoara.

Era noite avançada, mas o edifício estava repleto.

Um mensageiro do Plano Superior dirigia grande assembleia.

E o enfermeiro que, paciente, me encaminhara, esclareceu-me que ali se verificava o encontro de um benfeitor do Alto com os desencarnados que se caracterizavam por mais ampla sede de luz.

Esse Instrutor penetrava-nos a consciência, anotando o mérito ou o demérito de que éramos portadores para demandar a suspirada renovação de clima.

Muitos irmãos eram ouvidos pessoalmente.

Após duas horas de expectativa, chegou minha vez.

Pelo olhar daquele Espírito extremamente lúcido, deduzi que nenhum pensamento meu lhe seria ocultado.

Aqueles olhos varriam os mais fundos escaninhos do meu ser.

Anotei meu problema.

Desejava mudança.

Ansiava melhorar minha triste situação.

Perguntou-me o Instrutor qual havia sido o meu modo de vida.

Creio que ele não tinha necessidade de indagar coisa alguma, no entanto, a casa acolhia numerosos necessitados e, a meu ver, a lição administrada a qualquer de nós deveria servir a outrem.

Aleguei, preocupado, que havia protegido corretamente a família terrestre e que havia preservado a minha saúde com segurança.

Ele sorriu e respondeu que semelhantes misteres eram comuns aos próprios animais.

Pediu que, de minha parte, confessasse algum ato que pudesse enobrecer as minhas palavras, algo que lhe fosse apresentado como justificativa de auxílio às minhas pretensões de trabalho, melhoria e ascensão.

Minha memória vasculhou os anos vividos, inutilmente...

Não encontrei um ato sequer capaz de alicerçar-me a esperança.

Não que o serviço de corretor de imóveis seja indigno, mas é que eu capitalizava o dinheiro haurido em minhas lides profissionais, qual terra seca coletando a água da chuva: chupava... Chupava... Chupava... sem restituir gota alguma.

Depois de agoniados instantes, lembrei-me de que em certa ocasião encontrara três amigos de nosso templo, na Praça da Bandeira, a insistirem comigo para que lhes acompanhasse a jornada caridosa até um lar humilde na Favela do Esqueleto.

Fiz tudo para desvencilhar-me do convite que me pareceu aborrecido e imprudente.

Mas o grupo, que se constituía de uma senhora e dois companheiros, desenvolveu sobre mim tamanho constrangimento afetivo que não tive outro recurso senão atender à carinhosa exigência.

Daí a alguns minutos, varávamos estreita choupana de lata velha, onde fomos defrontados por um quadro desolador.

Pobre mulher tuberculosa agonizava.

Nosso conjunto, entretanto, logo à chegada, fragmentou-se, pois a companheira foi convocada pelo esposo ao retorno imediato e o outro amigo deu-se pressa em voltar, pretextando serviço urgente.

Não pude, todavia, imitar-lhes a decisão.

Os olhos da enferma eram de tal modo suplicantes que uma força irresistível me fez dobrar os joelhos para socorrê-la no leito, mal amanhado no chão.

Perguntei-lhe o nome.

Gaguejou... Gaguejou... E informou chamar-se Maria Amélia da Conceição.

Seus familiares, uma velha e dois meninos que se assemelhavam a cadáveres ambulantes, não lhe podiam prestar auxílio.

Inclinei-me e coloquei-lhe a cabeça suarenta nos braços, tentando suavizar-lhe a dispneia; no entanto, depois de alguns minutos, a infeliz, numa golfada de sangue, entregou-se à morte.

Senti-me sumamente contrafeito.

Mas para ver-me livre de quadro tão deprimente, pela primeira vez arranquei da bolsa uma importância mais farta, transferindo-a para as mãos da velhinha, com vistas aos funerais.

Afastei-me, irritadiço.

E, antes da volta a casa, procurei um hotel para um banho de longo curso, com desinfetante adequado.

E, no outro dia, consultei um médico sobre o assunto, com receio de contágio...

O painel que o tempo distanciara assomou-me à lembrança, mas tentei sufocá-lo na minha imaginação, pois aquele era um ato que eu havia levado a efeito constrangidamente, sem mérito algum, de vez que o socorro a Maria Amélia da Conceição fora simplesmente para mim um aborrecimento indefinível...

Contudo, enquanto a minha mente embatucada não conseguia resposta, desejando asfixiar a indesejável reminiscência, alguém avançou da assembleia e abraçou-me.

Esse alguém era a mesma mulher da triste vila do Esqueleto.

Maria Amélia da Conceição vinha em meu socorro.

Pediu ao benfeitor que nos dirigia recompensasse o meu gesto, notificando que eu lhe havia ofertado pensamentos de amor na extrema hora do corpo e que lhe havia doado, sobretudo, um enterro digno com o preço de minha dedicação fraternal, como se a fraternidade, algum dia, houvesse andado em minhas cogitações...

As lágrimas irromperam-me dos olhos e, desde aquela hora, para felicidade minha, retornei ao trabalho, sendo investido na tarefa de amparar os agonizantes, tarefa essa em cujo prosseguimento venho encontrando abençoadas afeições, reerguendo-me para luminoso porvir.

Bastou um simples ato de amor, embora constrangidamente praticado, para que minha embaraçosa inquietação encontrasse alívio.

É por isso que, trazido à vossa reunião de ensinamento e serviço, sou advertido a contar-vos minha experiência dolorosa e simples, para reafirmar-vos o imperativo de sermos espíritas pelo coração e pela alma, pela vida e pelo entendimento, pela teoria e pela prática, porque em verdade, como espíritas, à luz do Espiritismo Cristão, podemos e devemos fazer muito na construção sublime do bem.

Por esse motivo, concluo reafirmando:

Espiritismo...

Sou espírita...

Fora da caridade não há salvação...

Maravilhosas palavras!...

Que Jesus nos abençoe.

A. C.

52

Enquanto brilha o agora

Na reunião da noite de 14 de junho de 1956, tivemos a ventura de novamente receber o nosso benfeitor espiritual Emmanuel, cuja palavra, por intermédio do médium, se fez ouvir, vibrante e bela.

Atendei, enquanto é hoje, aos enigmas que vos torturam a mente.

Enquanto a Lei vos faculta a bênção do agora, extirpai do campo de vossa vida os vermes da inimizade, os pântanos da preguiça, os espinheiros do ódio, a venenosa erva do egoísmo e o pedregulho da indiferença, cultivando, com a segurança possível, a lavoura da educação, as árvores do serviço, as flores da simpatia e os frutos da caridade.

Enquanto os talentos do mundo vos favorecem, fazei o melhor que puderdes, porque, provavelmente, amanhã... Quem sabe?

Amanhã, talvez, os problemas aparecerão mais aflitivos.

Os dias modificados...

As oportunidades perdidas...

As provas imprevistas...

Os ouvidos inertes...

Os olhos em plena sombra...

A língua muda...

As mãos mirradas...

Os pés sem movimento...

A cabeça incapaz...

A carência de tempo...

A visita da enfermidade...

A mensagem da morte...

Despertai as energias mais profundas, enquanto permaneceis nas linhas da experiência física, entesourando o conhecimento e o mérito, do estudo e da ação que vos nobilitem as horas, porque, possivelmente, amanhã, as questões surgirão mais complexas.

Não nos esqueçamos de que os princípios de correspondência funcionam exatos.

Sementeira do bem — colheita de felicidade.

Dever irrepreensivelmente cumprido — ascensão aberta.

Trabalho ativo — progresso seguro.

Cooperação espontânea — auxílio pronto.

Busquemos o melhor para que o melhor nos procure.

Tendes convosco o solo precioso fecundado pela chuva de bênçãos. Utilizemo-lo, assim, na preparação do grande futuro, recordando a advertência do nosso divino Mestre: — "Avançai, valorosos, enquanto tendes luz".

EMMANUEL

53
Espiritismo

Concluíamos as nossas atividades, na reunião da noite de 21 de junho de 1956, quando nosso companheiro espiritual José Xavier ocupou as faculdades psicofônicas do médium e ditou, contente:

Meus irmãos, no encerramento
Das nossas horas de luz,
Mantenhamos nossas almas
Na inspiração de Jesus.

Um novo amigo na estrada
É sempre bela conquista.
Nós hoje receberemos
Um sacerdote paulista.

O estimado padre Esteves,
Servo do bem contra o mal,
É hoje instrutor da vida
No plano espiritual.

Vamos ouvir-lhe a palavra
Com respeitosa atenção,
Guardando minutos breves,
De silêncio e de oração.

José Xavier

Retirou-se José Xavier e, logo após, o visitante anunciado se fez sentir, operando larga transfiguração no semblante mediúnico e passando a proferir o notável soneto aqui apresentado.

ESPIRITISMO

Ei-lo! a mensagem nova!... É a nova luz que avança,
Paz e consolação, ideal e doutrina,
Exumando da treva a chama peregrina
Do Evangelho imortal do amor e da esperança.

É a lição do Senhor que torna cristalina
A refazer-se, pura, e a fulgir sem mudança,
O eterno dom de Deus que novamente alcança
A Terra imersa em dor, que se eleva e ilumina.

É a fé que purifica o lar, a escola e o templo,
Exaltando a vitória e a beleza do exemplo,
No culto à caridade, incessante e profundo...

O Espiritismo em Cristo é o Céu que vem de novo
Revelar-se, divino, ao coração do povo
Para a glória da vida e redenção do mundo.

L. Esteves

54

Mediunidade e Espiritismo

No remate das nossas tarefas da noite de 28 de junho de 1956, nosso núcleo foi honrado com a visita do nosso amigo espiritual Efigênio S. Vítor, que controlou o médium e discorreu brilhantemente sobre Espiritismo e mediunidade.

Roguemos a bênção de Jesus em nosso favor.

Assuntos existem, no âmbito de nossa construção doutrinária, que nunca serão comentados em excesso.

Reportamo-nos aqui ao tema "Espiritismo e mediunidade", para alinhar algumas anotações que consideramos indispensáveis à segurança de nossas diretrizes.

Mediunidade é atributo peculiar ao psiquismo de todas as criaturas.

Espiritismo é um corpo de princípios morais, objetivando a libertação da alma humana para a Vida Maior.

Médium, em boa sinonímia, segundo cremos, quer dizer "meio".

Médium, em razão disso, dentro de nossas fileiras, significa intermediário, medianeiro, intérprete.

Médiuns, por isso, existiram em todos os tempos. Na antiguidade remota, eram adivinhos e pitonisas que, frequentemente, pagavam com a vida o conhecimento inabitual de que se faziam portadores.

Na Idade Medieval, eram santos e santas, quando se afinavam à craveira religiosa da época, ou, então, feiticeiros e bruxas, recomendados à fogueira ou à forca, quando se não ajustavam aos preconceitos do tempo em que nasceram.

Hoje, possuímo-los em todos os tons, em dilatadas expressões polimórficas.

Médiuns psicógrafos, clarividentes, clariaudientes, curadores, poliglotas, psicofônicos, materializadores, intuitivos...

Médiuns de efeitos físicos ou de efeitos intelectuais...

No próprio Evangelho, em cujas raízes divinas o Espiritismo jaz naturalmente mergulhado, vamos encontrar um perfeito escalonamento de valores, definições e atividades mediúnicas.

Vemos a mediunidade, absolutamente sublimada, em nossa Mãe Santíssima, quando registra a visitação das entidades angélicas.

Reconhecemos a clariaudiência avançada em José da Galileia, quando recolhe dos mensageiros do Plano Superior comentários e notícias acerca da gloriosa missão de Jesus.

Simão Pedro era médium da sombra, quando se adaptava à influência perturbadora de que muitas vezes se sentiu objeto, e era médium da luz, quando partilhava a claridade divina em sua vida mental.

O mesmo Simão Pedro, Tiago e João foram médiuns materializadores no Tabor, favorecendo a aparição tangível de instrutores da mais elevada hierarquia.

João, o grande evangelista, foi médium, na mais sublime acepção da palavra, quando anotou as visões do Apocalipse.

Os companheiros do Senhor, no dia inolvidável do Pentecostes, foram médiuns de efeitos físicos, médiuns poliglotas e psicofônicos da mais nobre expressão.

Saulo de Tarso foi notável médium de clarividência e clariaudiência, às portas de Damasco, ao ensejo de seu encontro pessoal com o Divino Mestre.

Todavia, não será lícito esquecer que os possessos, os doentes mentais e os obsidiados de todos os matizes, que enxameavam a estrada do Cristo de Deus, quando de sua passagem direta entre os homens, eram também médiuns.

Precisamos, assim, na atualidade, encarecer a diferença, a fim de que não venhamos a guardar injustificável assombro diante de fenômenos que não condizem com o imperativo de nossa formação moral.

Médiuns existem, tanto aí quanto aqui, nas esferas de serviço em que nos situamos.

Médiuns permanecem em toda a parte, porque mediunidade é meio de manifestação do Espírito em seus diversos degraus de evolução.

Por esse motivo, o grande problema dos trabalhadores mediúnicos é aquele da sustentação de boas companhias espirituais, em caráter permanente.

Mal se descerram faculdades psíquicas ou percepções mentais um tanto mais avançadas em alguém, corre na direção desse alguém a malta dos desencarnados que não plantaram o bem e que, por isso, não podem recolher o bem, de imediato, nas leiras da vida.

Mal surge um médium promissor e mil ameaças se lhe agigantam no caminho, porque o vampirismo vive atuante, qual gafanhoto faminto devorando a erva tenra.

Eis por que um fulcro de fenômenos medianímicos é motivo para vasta meditação de nossa parte, competindo-nos a obrigação de prestar-lhe incessante socorro, pois, em verdade, são muito raras as criaturas encarnadas ou desencarnadas que logram manter contato permanente com a orientação superior, de vez que, se é fácil acomodar-nos no convívio das inteligências ambientadas nas zonas inferiores, é muito difícil acompanhar os servos da verdade e do amor que, em procurando a comunhão com o Cristo, se confiam, intrépidos e humildes, ao apostolado da Grande Renúncia.

Imperioso, assim, é que vivamos alertas, sem exigir dos médiuns favores que não nos podem dar e sem conferir-lhes privilégios que não podem receber, garantindo-se, desse modo, a estabilidade e a pureza de nossa Doutrina, porquanto o Espiritismo é como o Sol, que resplende para todos, e a mediunidade é a ferramenta que cada criatura pode manobrar no campo da vida, na edificação da própria felicidade.

Quantas, porém, se utilizam de semelhante ferramenta para a aquisição de compromissos escusos com a delinquência?!...

Em razão disso, é indispensável compreender que Mediunidade é Mediunidade e Espiritismo é Espiritismo.

Ajustemo-nos, desse modo, aos princípios salvadores de nossa fé! E, na posição de instrumentos do progresso e do bem, com mais ou menos expressão de serviço nas atividades mediúnicas, diretas ou indiretas, conscientes ou inconscientes, procuremos, antes de tudo, a nossa efetiva integração com o Mestre Divino, para que não nos falte ao roteiro a necessária luz.

Efigênio S. Vítor

55

Lenda da estrela divina

Reunião da noite de 5 de julho de 1956.

Para surpresa nossa, quem nos brindou com a sua visita, ao final de nossas tarefas, foi o Irmão X, que pela primeira vez falou em nosso recinto, insuflando-nos vigorosa emoção.

De passagem por nosso templo, trago-vos à meditação um apólogo simples.

Convencido de que somente por meio do próprio trabalho conseguiria entesourar as bênçãos de seu Divino Criador, o Homem compareceu diante do Altíssimo e rogou humildemente:

— Pai, aspiro a conquistar a vossa grandeza infinita... Que fazer para penetrar os domínios da vossa glória?

O Todo-Compassivo louvou-lhe os propósitos e determinou:

— Desce à Terra e convive com os teus irmãos.

O Homem nasceu e renasceu, muitas vezes, adquirindo experiência em diversas nações, e voltou ao Paraíso, ostentando na fronte a auréola da Cultura.

Não contente, entretanto, pediu ao Soberano da Vida:

— Pai, anseio conhecer-vos a força... Como proceder para atingir semelhante graça?

O Todo-Bondoso afagou-lhe a alma inquieta e ordenou:

— Desce à Terra e dirige os teus irmãos.

O Homem nasceu e renasceu, muitas e muitas vezes, fazendo leis e gastando fortunas, construindo fronteiras e levantando monumentos religiosos, plasmando a beneficência e disciplinando as sociedades, brandindo armas e desfraldando bandeiras, mandando e comandando, fascinado pelos poderes e pelos bens da Terra, como se os bens e os poderes da Terra lhe pertencessem, e retornou ao Lar Eterno, guardando nas mãos o cetro da Autoridade.

Não contente, todavia, suplicou ao Senhor Supremo:

— Pai, suspiro por aprender convosco a criar emoções sublimes... Como agir para entender a vossa beleza augusta?

O Todo-Sábio contemplou-o, benevolente, e aconselhou:

— Desce à Terra e procura formar pensamentos iluminados e nobres para consolo e progresso de teus irmãos.

O Homem nasceu e renasceu, muitas e muitas vezes, trabalhando a pedra e o metal, a madeira e a argila, a palavra e o som, o pincel e a rima, e retornou à Luz das Luzes, transportando nos olhos e nos ouvidos, na língua e nos dedos a magia da Arte.

Contudo, não satisfeito ainda, rojou-se aos pés do Senhor e pediu em lágrimas:

— Meu Pai, tenho saudades de vosso convívio... Não quero apartar-me de vosso olhar! Que fazer para demorar-me nos Céus?

O Todo-Misericordioso abraçou-o com ternura e ajuntou:

— Ah! meu filho, que pedes tu agora? Para que te detenhas no Céu é necessário desças a Terra e ajudes teus irmãos.

E o homem nasceu e renasceu, por longos e longos séculos, sofrendo, sem reclamar, injúrias e ultrajes, lapidações e calúnias, miséria e abandono, chagas e açoites, procurando auxiliar os outros sem cogitar do auxílio a si mesmo, até que, um dia, terrivelmente fatigado e sozinho, mas de coração alegre e consciência tranquila, retornou aos Eternos Tabernáculos.

Não precisou, no entanto, anunciar a sua presença, porque as Portas Celestiais se lhe descerraram ditosas.

Flores inclinaram-se-lhe à passagem.

Constelações saudavam-no em regozijo.

Anjos cantavam, em surdina, celebrando-lhe o triunfo.

E o próprio Senhor, na carruagem resplendente de sua Glória, veio recebê-lo nos Pórticos Sagrados, exclamando, de braços abertos:

— Bem-aventurado sejas, filho meu!... Agora a Criação inteira é tua... Todos os meus segredos te pertencem. E, estejas onde estiveres, viveremos juntos para sempre.

Esmagado de júbilo, em riso e pranto, o Homem compreendeu, sem palavras, que a felicidade do amor puro lhe fluía sublime dos refolhos do ser, em torrentes de alegria misteriosa...

É que ele trazia, fulgente no coração, a Estrela Divina da Humildade.

Desde então, pôde habitar na Casa do Senhor por longos dias...

Irmão X

56

Palavras de alerta

Atingíramos a fase terminal da nossa reunião de 12 de julho de 1956, quando, trazido por nossos benfeitores, compareceu em nosso recinto o Espírito J. C., que foi festejado e discutido médium de materializações nos arraiais espíritas do Brasil. Usando o canal psicofônico, J. C., recentemente desencarnado, evidenciava grande tortura íntima, ofertando-nos grave advertência, que, sinceramente, nos impele a demorada meditação.

Sou um médium desencarnado, pedindo ajuda para os médiuns que ainda se encontram no corpo físico... um companheiro que baixou, ferido, à retaguarda, rogando socorro para aqueles soldados que ainda perseveram na frente.

Isso porque a frente vive superlotada de inimigos ferozes... inimigos que são a vaidade e o orgulho, a ignorância e a fragilidade moral, a inconformação e o egoísmo, a rebeldia e a ambição desregrada, a se ocultarem na cidadela de nossa alma, e que, muitas vezes, são reforçados em seu poder de assalto por nossos próprios amigos, porquanto, a pretexto de afetividade e devoção carinhosa, muitos deles nos comprometem o trabalho e, quase sempre, levianos e infantis, nos conduzem à ruína da sagrada esperança com que renascemos na experiência terrestre.

Sou o companheiro J. C., que muitos de vós conhecestes.

A jornada foi curta, mas acidentada e difícil. E, trazendo comigo os sinais da imensa luta, a se exprimirem por remorsos e lágrimas, apelo para vós outros, a fim de que haja em nós todos, médiuns, doutrinadores, tarefeiros e beneficiários da Causa Espírita, uma noção mais avançada de nossas responsabilidades, diante do Cristo, nosso Mestre e Senhor.

Comecei retamente a empreitada, mas era demasiadamente moço e sem qualquer instrução que me acordasse a visão íntima para as consequências que me adviriam do cumprimento feliz ou infeliz das minhas obrigações.

Meus recursos medianímicos eram realmente os da materialização e, com eles, denodados benfeitores das esferas mais elevadas tutelavam-me a existência; entretanto, fugi ao estudo, injustificavelmente entediado das lições alusivas aos meus deveres e minha culpa foi agravada por todos aqueles amigos que, na sede inveterada de fenômenos, me alentavam a ignorância, como se eu não tivesse o compromisso de acender uma luz no coração para que a romagem fosse menos árdua e o caminho menos espinhoso.

Com semelhante leviandade, surgiram as exigências — exigências altamente remuneradas, não pelo dinheiro fácil, mas pela notoriedade social, pelas relações prestigiosas e por todas as situações que nos estimulam a vaidade — quais se fôssemos donos das riquezas que nos bafejam o espírito, ainda imperfeito, em nome de Nosso Pai.

Em vista disso, mais cedo que eu poderia esperar, multidões da sombra, interessadas no descrédito de nossas atividades, cercaram-me o roteiro. E, por mais me alertassem os Instrutores que jamais nos abandonam, as grossas filas de quantos me acenavam com a falsa estimação de meu concurso apagavam-me os gritos da consciência, transferindo-me, assim, à condição de joguete dos encarnados e dos desencarnados, menos apto ao convívio das revelações de nossa Doutrina Consoladora, com o que lhes aceitava, sem relutância, as sugestões magnéticas, agindo ao sabor de caprichos inferiores e delinquentes.

Cabe-me afirmar, com todo o amargor da realidade, que, distraído de mim mesmo, apático e semi-inconsciente, prejudiquei o elevado programa de nossos orientadores; contudo, os atenuantes de minha falta revelaram-se, aqui, em meu favor, e a Providência Divina amparou o servo que caiu, desastrado, e que somente não desceu mais intensamente ao bojo das sombras, porque com a bênção de Jesus, me despedi do mundo em extrema pobreza material, deixando a família em proveitosas dificuldades.

Comecei bem, repito, mas a inexperiência incensada fez-me olvidar o estudo edificante, o trabalho espontâneo de socorro aos doentes, a proteção fraterna aos necessitados e desvalidos e, segregado numa elite de criaturas que me desconheciam a gravidade da tarefa, entreguei-me, sem qualquer defensiva, ao domínio das forças que me precipitaram no nevoeiro.

Com o auxílio do Senhor, porém, antes que a delinquência mais responsável me estigmatizasse o espírito, a mão piedosa da morte física me separou do corpo que eu não soube aproveitar.

É por isso que, em vos visitando, qual soldado em tratamento, rogo para que os médiuns encontrem junto de vossos corações não apenas o testemunho das realidades espirituais, tantas vezes doloroso de dar-se e difícil de ser obtido, pelas deficiências e fraquezas de que somos portadores, mas também a partilha do estudo nobre, da fraternidade viva, do trabalho respeitável e da reta consciência...

Que eles sejam recebidos tais quais são...

Nem anjos, nem demônios.

Nem cobaias, nem criaturas milagreiras.

Guardemo-los por irmãos nossos, carregando consigo as marcas da Humanidade, solicitando redenção e sacrifício, abnegação e sofrimento.

A árvore para produzir com eficiência deve receber adubo no trato de solo em que o Senhor a fez nascer.

O rio para espalhar os benefícios de que é mensageiro, em nome da Natureza Divina, pode ser retificado e auxiliado em seu curso, mas não pode afastar-se do leito básico.

Oxalá possam os médiuns aprender que mais vale ser instrumento das consolações do espírito, na intimidade de um lar, ao aconchego de uma só família, que se erigir em cartaz da imprensa, submetido a experimentações que, em muitas circunstâncias, acabam em frustração e bancarrota moral.

Saibam todos que mais vale socorrer a chaga de um doente, relegado ao desprezo público, que produzir fenômenos de espetaculares efeitos, cuja fulguração, quase sempre, cega aqueles que os recebem sem o preparo devido.

Ah! meus amigos, o Espiritismo é o tesouro de luz de que somos, todos nós, quando entre os homens, carregadores responsáveis, para que a Humanidade se redima!...

Lembremo-nos de semelhante verdade para que todos nós, na doutrinação e na mediunidade, na beneficência e no estudo, estejamos de atalaia contra os desastres do espírito, mantendo-nos no serviço constante da humildade e do amor, de modo a vencermos, enfim, a escabrosa viagem para os montes da Luz.

J. C.

57
Almas sofredoras

Na noite de 2 de agosto de 1956, tivemos a alegria de ouvir pela primeira vez em nosso recinto o Espírito Casimiro Cunha, o notável poeta fluminense, que se manifestou através das suas rimas, repletas de simplicidade e beleza, para encantamento e edificação de nossas almas.

Meus amigos, no serviço
De prece e doutrinação,
Cada Espírito que sofre
É a bênção de uma lição.

Ouvindo os desencarnados
Em lutas de consciência,

Permaneceis navegando
Nas águas da advertência.

Tantos náufragos em treva,
Sem clarão que os reconforte,
São apelos da verdade,
Gritando no mar da morte.

O malfeitor que aparece
No tormento que o redime,
Bramindo, desarvorado,
É mensagem contra o crime.

Paranoicos revoltados,
Em vozerio e barulho,
São avisos dolorosos
Contra os flagelos do orgulho.

Apaixonados que clamam,
Entre a demência e o furor,
Revelam a delinquência
Que se rotula de amor.

Sovinas desesperados,
Sob o tacão da secura,
São vivas lições na estrada
Contra os perigos da usura.

Suicidas em desalento,
Que a dor pavorosa espia,
Demonstram à saciedade
Os monstros da rebeldia.

As mentes em vício e ódio,
Sob lama deletéria,
Mostram em toda a extensão
A ignorância e a miséria.

Tiranos paralisados,
No suplício da aflição,
Indicam que há fogo e cinza
Nos tormentos da ambição.

Espíritos que perseguem
A carne enferma e insegura
São tristes apontamentos
De vampirismo e loucura.

Obsessores que bradam
Em sofrimentos atrozes
Ensinam que, além do corpo,
Há chagas e psicoses.

Meus irmãos, não olvideis,
No campo do aprendizado,

Que, acendendo a luz no Além,

Quem doutrina é doutrinado.

Casimiro Cunha

58
Anotação fraterna

Reservava-nos grande alegria o término de nossos labores espirituais na noite de 9 de agosto de 1956. É que fomos felicitados com a visita do Espírito F. Purita, denodado batalhador da nossa causa em Minas Gerais, onde construiu vasto círculo de amizades. Sensibilizando-nos imensamente, o abnegado companheiro deixou-nos a seguinte "anotação fraterna", que consubstancia valioso estudo.

Nós, os espíritas desencarnados, via de regra estamos perante a Vida Superior como alunos envergonhados, que se despediram da escola com baixa média de aproveitamento, apesar da excelência do curso preparatório, colocado na Terra à nossa disposição.

Conhecemos, mais que os profitentes de outros credos, a paternidade de Deus, a orientação de Jesus e a bênção do Evangelho, com livre interpretação pessoal.

Permanecemos convencidos quanto à Lei de Causa e Efeito que estudamos de perto, nas consciências exoneradas do vaso físico; sabemos que a vida continua com todo o império do raciocínio e da emoção, além do túmulo; e somos aquinhoados por todo um tesouro de revelações do mundo suprafísico, capaz de transformar-nos, entre os homens, em verdadeiros apóstolos do bem.

Contudo, a morte — que é sempre o examinador exato da vida — encontra-nos em condição deficitária.

Proclamamo-nos detentores de uma doutrina com tríplice aspecto, totalizando a Ciência, a Filosofia e a Religião; no entanto, dela fazemos uma ciência discutidora, uma filosofia de dúvidas e uma religião de hábitos cristalizados.

Gritamos que "fora da caridade não há salvação", mas a nossa caridade, comumente, é aquela do supérfluo ao necessitado, assim como a do viajante enfastiado em navio superfarto que atira pão ao peixe faminto.

Asseveramos que Jesus é o nosso Divino Mestre e Supervisor de nossas atividades, todavia, entregamo-nos, bastas vezes, ao intercâmbio de fascinação, dominados pela fome doentia de reconforto individual, ouvindo oráculos subservientes e enganosos e desertando sistematicamente da luta que nos é necessária à renovação.

E em muitas ocasiões bradamos, ociosos e ingratos:

— Não quero reencarnar.

— Não tornarei à Terra.

Entretanto, descerrado o véu que nos encobre a realidade, encontramo-nos estupefatos diante do tempo que despendemos em vão, dos recursos terrestres que consumimos debalde, das maravilhas da vida a nos desafiarem o esforço e da situação desagradável da alma, nas esferas inferiores, nas quais somos compelidos a estágio longo, como resultante de nossa rebeldia e indiferença.

Não falamos aqui como quem repreende.

Somos ainda um simples companheiro que volta, necessitado de mais luz.

Isso, porém, não impede que a nossa palavra se converta em anotação fraterna, para compreendermos que a função essencial de nossos princípios é aquela da reconstrução do Espírito, para que se nos eleve a senda do destino.

Sem Espiritismo no campo íntimo, para que a nossa recuperação se faça tão completa quanto possível, na obra do Senhor, nossas convicções e predicações podem valer para os outros, que se inclinem a aproveitá-las, mas não para nós mesmos que nos situaremos voluntariamente distantes do trabalho a realizar.

É por esse motivo que a reencarnação quase que imediata, para todos nós, trânsfugas dos deveres maiores, é impositivo urgente e recomendável, de vez que, se ainda não nos liberamos do purgatório da afetividade malconduzida e se ainda não abraçamos a lavoura do bem por amor ao bem, a volta ao educandário da carne é a maior concessão que a Divina Providência pode facultar-nos à sede de progresso.

Todos os companheiros, candidatos a mais ampla incursão no campo da verdade e do estudo, depois da morte física, devem aproveitar o tempo da encarnação como período valioso de aprendizado, adotando a disciplina como norma indispensável à construção que pretendem levar a efeito.

Em suma, os espíritas receberam, na atualidade da Terra, o quinhão máximo de talentos do Céu. E para que possam assimilar em definitivo a herança do Céu é necessário se disponham a viver no esforço máximo. Isso equivale a dizer cultura constante do cérebro e cultura infatigável do coração.

F. Purita

59
Consciência

No início da reunião da noite de 16 de agosto de 1956, nosso irmão Ênio Santos, companheiro de nosso grupo, leu edificante página sobre a reencarnação, dando ensejo a vivos comentários em nossa pequena assembleia.

Ao término de nossas tarefas, nosso amigo espiritual José Xavier ocupou o canal psicofônico e comentou, bem-humorado:

Meus amigos, nosso Ênio,

Prestimoso, calmo e atento,

Recordou com brilhantismo

A Lei do renascimento.

Temos nós muitos irmãos,

Guardando minguado siso,

Que esperam voar do mundo
À glória do paraíso.

E gritam que a pele humana
É cárcere deprimente,
Arrastando-se escorados
À revolta permanente.

Contudo, no exame claro
De nossa conversação,
Decerto o problema exige
Carinho e meditação.

Eu também fui muito forte
Na terra de minha gente,
Mas na terra da verdade
Muita coisa é diferente.

Dizia: "não torno à carne,
Abomino esta peneira...",
Mas a morte me ensinou
A pensar de outra maneira.

Renascer e renovar
São cursos de elevação.
Em razão disso, nós temos
A lei da reencarnação.

Alma agarrada no mundo
Sofre do sangue o labéu,
Quem renuncia a si mesmo
Ascende ao fulgor do Céu.

Subir à glória solar
Ou descer à sombra atroz
Depende muito do espelho
Que temos dentro de nós.

Por isso, trazemos hoje,

Com gratidão a Jesus,

Alguém que nos falará

Sobre esse espelho de luz.

José Xavier

Retira-se o nosso irmão José Xavier e, rápido, transfigura-se o médium. Acha-se agora em contato conosco o mensageiro anunciado. É o poeta Amadeu Amaral, que fala com empolgante acento:

CONSCIÊNCIA

...E o Senhor concedeu-te esse espelho divino,

Claro, doce, sutil, como a aurora purpúrea,

E forte, quanto o mar em procelosa fúria,

Por face da verdade a reger-te o destino.

Grava-te, em cada instante, honesto e cristalino,

Toda ideia sublime e toda ideia espúria,

A virtude e a miséria, a grandeza e a penúria,

A esperança e a bondade, a treva e o desatino...

Conserva, pois, no bem o caminho alto e puro

Que te guarde o presente e renove o futuro,

Buscando na justiça a força que te exorte.

A consciência é a Lei que te acompanha e espreita,

O espelho do Senhor na Harmonia Perfeita,

A desnudar-te a vida em plena luz da morte.

Amadeu Amaral

60
Aflitiva lição

Reunião de 23 de agosto de 1956.

Encaminhada ao recinto por instrutores benevolentes, o Espírito Josefina, pobre companheira sofredora, manifestou-se, entre nós, biografando-se em lágrimas.

Conduzida por enfermeiros amigos para um leito de reencarnação, à maneira de mísera doente para uma cela de hospital, recomendam eles vos fale alguma coisa de minha angústia.

Entretanto, a boca humana foi feita para assuntos humanos e, para narrar-vos o meu infortúnio terrível, seria preciso que o pranto, o fogo e o sangue tivessem uma voz...

Sou mãe criminosa, embora não chegasse a ser mulher pervertida.

Jovem ainda, mas abandonada pelo homem que me traíra a confiança, não tive coragem de enfrentar a maternidade, chamada ilegal diante dos homens.

Envergonhada de mim mesma e olvidando o brio que toda consciência deve cultivar diante da Lei de Deus, esperei o rebento de minha carne entre o ódio e a desconfiança, sentindo que labaredas de sofrimento me requeimavam a carne, retesando-me o ser.

Soube guardar meu segredo...

Esperei o momento azado e, a sós comigo, quando a criança vagia no silêncio da noite, com as minhas próprias mãos asfixiei-a, tomada de frieza satânica.

Ergui-me do leito, não obstante enfraquecida, e consegui-lhe um túmulo improvisado, mas, em voltando aos lençóis que me resguardavam, o sangue borbotou-me em ondas insopitáveis, até que um sono pesado me tomou a cabeça, perdendo-se-me o raciocínio.

Não posso precisar quanto tempo gastei, entregue a semelhante torpor; contudo, lembro-me perfeitamente do horrível instante em que despertei, amolentada, experimentando o assédio de vibriões assassinos.

Achava-me, disforme, num leito estranho, pleno de sombra, enregelada, visitada por vermes asquerosos...

Agitei minhas mãos, tateei o meu corpo e notei que o sangue continuava a fluir do baixo ventre.

Sangue pestilencial, sangue podre...

Reergui-me horrorizada.

Caminhei vacilante.

Pisei detritos de carne, cujo fétido odor me impunha náuseas incoercíveis.

Consegui ensaiar alguns passos e vi-me no cemitério.

Gritei, aloucada, pelo socorro de meus parentes.

Vermes famintos atacavam-me, vigorosos.

Clamei por auxílio, até que uma voz igualmente chorosa me respondeu.

Aproximou-se alguém de mim.

Era outra mulher.

Aos meus olhos, trazia uma criança nos braços.[14]

Diante dela, passei a ouvir os gemidos de meu filhinho assassinado.

Pusemo-nos ambas a gritar estentoricamente.

Entrelaçamo-nos uma à outra.

Abandonamos o sítio infeliz para encontrar uma terceira mulher, não muito longe, que clamava também por socorro.

Depois de mais alguns passos, encontramos uma quarta companheira e, pelas ruas afora, dentro da noite, na cidade dormente, outras mulheres se juntaram a nós.

Umas exibiam sinais arroxeados dos golpes que lhes haviam sido vibrados no seio, outras mostravam chagas abertas no colo exposto, outras traziam como eu, o próprio ventre aberto...

Algumas ziguezagueavam no solo, rastejantes, outras tinham acessos de fúria, histéricas, indominadas, enlouquecidas e, de quando em quando, outras

[14] Nota do organizador: Explicou-nos competente mentor que a imagem da criança era uma forma-pensamento plasmada pelo remorso da mãe delinquente que a transportava, desolada e infeliz.

bailavam, gargalhavam, gemiam, estertoravam, até que, formando extensa nuvem de loucura e de pranto, nos movemos tocadas por faunos desnudos, que mais se assemelhavam a demônios egressos de pavorosas regiões infernais.

Tentei desvencilhar-me de semelhante companhia, mas achava-me imantada àquele triste grupo, como se correntes férreas a ele me retivessem.

Tangidas quais se fôssemos vara de bestas, em gritos de pavor e requebros de demência, fomos apresadas numa casa de meretrício em que o álcool e o entorpecente surgiam a jorros...

E a estranha legião começou a gargalhar e bailar.

Cenas que vozes humanas, com todo o patético do mundo, seriam incapazes de definir, projetaram-se aos nossos olhos...

Implorei a bênção do Céu.

Roguei proteção à Mãe Santíssima, para que se compadecesse de mim, enviando-me leve gota d'água ao vulcão de dor que me devorava as entranhas...

Braços piedosos apartaram-me, então, do rebanho sinistro.

Fui internada num manicômio que não saberei descrever — naturalmente aprisionada, porque a loucura me invadira o espírito e o fogo da alienação mental me calcinava os nervos.

Ouvi preleções sobre a vida eterna, ouvi preces, rogativas, exortações, frases consoladoras, leituras edificantes, contudo, na cela que as minhas trevas de mãe delituosa povoavam de pesadelos amargos, eu apenas ouvia o choro do meu filhinho...

Cristalizara-se-me a aflição.

As minhas recordações, tomando consistência, os meus pensamentos, materializados, e todo o cortejo de remorsos que eu não podia alijar da mente subjugavam-me o crânio, dominavam-me os sentimentos e, a falar verdade, nada compreendi, porque as chamas do sofrimento me crepitavam na alma toda...

Alucinada, humilhada e vencida, roguei à Mãe Santíssima novo acréscimo de piedade, e a Divina Estrela, Advogada de todos os pecadores e, muito particularmente, a Mãe Augusta de todas as pecadoras da Terra, compadeceu-se de minhas penas...

É assim que transito hoje do hospício que me albergava para o berço de provação que me aguarda no mundo.

Volto, hoje, a nova experiência terrena...

Que gênero de luta me espera?

Serei estrangulada ao nascer?

Terei, mirradas, as mãos assassinas?

Ou quem sabe exibirei na via pública as chagas de um corpo aleijado e infeliz?

Nada sei do futuro...

Sei, no entanto, que Nossa Mãe Celestial condoeu-se de minha sorte e que, amparada por nossa Divina Estrela, palmilharei o grande caminho da restauração.

Mãe Bendita, Mãe dos pecadores, Lírio de Nazaré, ajuda-me ainda; pois, em minha amargura, Mãe Amantíssima, não há senão justiça, não há senão harmonia, não há senão a misericórdia e a bênção da grande Lei.

Josefina

61
Hora extrema

Na noite de 30 de agosto de 1956, nosso grupo recebeu, emocionadamente, a visita do Espírito Antônio Nobre, o inesquecível poeta português que, após controlar as faculdades do médium, expressou-se com intraduzível beleza, transmitindo-nos o soneto abaixo transcrito.

HORA EXTREMA

— A vida é sombra de ilusão funesta...
Exclamava chorando, ao fim do dia.
— Lodo, miséria e pó, na noite fria...
De toda lide humana é quanto resta.

— E o amor, a beleza, e o sol em festa?
— Cinza e nada!... — a mim mesmo respondia.

— E o pesadelo estranho da agonia

Nos tormentos da angústia que me empesta?

Pranto e dor estrangulam-me a garganta...

Nisso, porém, a morte calma e santa

Vence o gelo da treva que me invade.

Partem-se algemas... Luzes brilham perto...

E, deslumbrado, escuto, enfim liberto,

A divina canção da Eternidade.

Antônio Nobre

62

Em torno do pensamento

Reunião de 6 de setembro.

Completando-nos as tarefas da noite, o Espírito Antônio Cardoso, antigo batalhador das hostes espiritualistas no Brasil, tomou as faculdades psicofônicas do médium e teceu primorosos comentários acerca do pensamento.

Em verdade, já disse alguém,[15] que tudo é amor em nosso caminho, porque todos vivemos nas situações a que nos afeiçoamos pelos laços da simpatia.

Sendo o amor, portanto, a raiz de todas as nossas atividades mentais, o pensamento é a base de todas as nossas manifestações dentro da vida.

Senão vejamos:

A bondade é o pensamento em luz.

O ódio é o pensamento em treva.

* * *

---

[15] Nota do organizador: Por meio da audição, afirmou o comunicante ao médium que a referência se reporta à mensagem do Espírito João de Brito em torno do amor, inserta em o livro *Falando à Terra*.

A humildade é o pensamento que ajuda.

O orgulho é o pensamento que tiraniza.

* * *

O trabalho é o pensamento em ação.

A preguiça é o pensamento estanque.

* * *

A ignorância é o pensamento instintivo.

A cultura é o pensamento educado.

* * *

A alegria é o pensamento harmonioso.

A tristeza é o pensamento em desequilíbrio.

* * *

A conformidade é o pensamento pacífico.

O desespero é o pensamento desgovernado.

* * *

A exigência é o pensamento destruidor.

O serviço é o pensamento edificante.

* * *

A sobriedade é o pensamento simples.

O luxo é o pensamento complexo.

* * *

O carinho é o pensamento brando.

A aspereza é o pensamento enrijecido.

* * *

A compreensão é o pensamento elevado ao Céu.

O preconceito é o pensamento enquistado na Terra.

* * *

O respeito é o pensamento nobre.

O deboche é o pensamento imundo.

* * *

O auxílio fraterno é o pensamento que ampara.

A ironia é o pensamento que fere.

* * *

O crime é o pensamento perverso.

A santidade é o pensamento sublime.

* * *

O egoísmo é o pensamento exclusivo do "eu".

O bem de todos e com todos é o pensamento da Lei Divina.

* * *

Vigiemos, assim, as nossas ideias, porque, se transparece claramente das lições de Jesus que a cada um de nós será conferido segundo as nossas obras, não podemos olvidar que todos os nossos pensamentos são filhos do amor que nos preside os interesses na vida e que todas as nossas obras são filhas de nossos pensamentos.

Antônio Cardoso

63

Nas malhas da lei

Na reunião da noite de 13 de setembro de 1956, nossos instrutores trouxeram à comunicação o Espírito J. L., que, relacionando comovidamente a sua história, nos ofertou grave estudo acerca da Lei de Ação e Reação, no campo da Justiça.

Meus irmãos:

Jesus nos abençoe.

Agora que o tempo aliviou as minhas aflições de Espírito endividado, posso oferecer-vos meu caso para exaltar convosco a função da Justiça Divina.

Quantas vezes o ciclone das provações indispensáveis sopra, violento, sobre as comunidades espíritas, provocando escândalos e desastres, acidentes e tragédias, semeando com isso desalento e desilusão injustificáveis, porque, em todos os acontecimentos da vida, prevalece a harmonia da Lei de Causa e Efeito, a que nenhum de nós poderá fugir!...

Para não tomar-vos o tempo, serei tão sucinto quanto possível, já que os instrutores de vossa casa recomendam-me cooperar em nossas lições da noite.

No século passado, era eu o chefe de uma casa simples, não obstante afortunada.

Minha mãe viúva, minha irmã Olívia e eu vivíamos, então, num sítio próspero do norte brasileiro.

Nossa existência transcorria sem problemas dignos de menção, quando Olívia, para surpresa nossa, passou a nutrir singular afeição pela casa paroquial, comandada por um homem puro e nobre, o padre Venâncio, que se fizera credor do respeito e da confiança de todo o vilarejo que nos vira nascer.

Eu e minha mãe tentamos entravar-lhe as inclinações, todavia, minha irmã declarava-se portadora de vocação religiosa que não nos seria lícito contrariar.

E foi assim que vi minha genitora finar-se, extremamente desgostosa, porquanto sonhara para a filha, quanto para mim, um futuro risonho, adornado pelas bênçãos da vida familiar, em que as suas esperanças de mulher se multiplicassem por intermédio de netos a lhe abençoarem o nome.

Com a morte de minha mãe, Olívia passou a residir ostensivamente no domicílio do sacerdote.

Devotava-se aos cuidados da igreja, à leitura sacra, à meditação e à prece, aguardando permissão para o ingresso num convento baiano.

Meu espírito egoísta e tiranizante, porém, não conseguia concordar com semelhante situação, e passei a ver naquela intimidade, puramente fraterna, quadros escusos e inconfessáveis que, em verdade, somente pertenciam à minha imaginação.

Crivei Olívia de acusações amargas.

Ameacei furtar-lhe a vida.

Procurei um entendimento com o padre que, tranquilo, me afirmou a sua lealdade e inocência.

Tudo fizera para que minha irmã voltasse a casa.

Ela, no entanto, insistia em consagrar-se à vida monástica.

Pedia-me ajudá-lo a resolver o problema.

Longe, porém, de compreendê-lo, incriminei-o ainda mais.

Escrevi cartas anônimas às autoridades religiosas do tempo, buscando desacreditá-lo.

Amarguei-lhe o coração por todas as formas ao alcance de minhas possibilidades, tentando correr com a sua presença de nossa localidade, que passou a aceitar-me as calúnias perversas.

Após dois anos em que o meu ódio gratuito se convertera em obstinação delinquente, sabendo que o sacerdote se reunia com minha irmã num campo próximo, a pretexto de comungarem estudos e orações, quando os vi saindo a sós da residência, à tardinha, tomei da arma de caça e farejei as vizinhanças.

Ocultei-me no basto arvoredo e, depois de uma hora, à distância de poucos metros, qual se fora astucioso felino a esconder-se na ramaria, surpreendi que padre Venâncio colocava uma das mãos sobre a cabeça de Olívia, então deitada sobre a relva.

O padre ajoelhava-se, auscultando-lhe o coração.

Cego de crueldade, puxei do gatilho e o tiro não falhou.

O sacerdote tombou desamparado, sem um grito.

Fugi como pude.

Afastei-me.

Aguardei a noite em floresta próxima e, de volta a casa, encontrei o povo aturdido, guardando o cadáver daquele que passara a ser, não somente minha vítima infortunada, mas também o obsessor de meu pensamento, porque desde o estampido, a repetir-se, constante, em meu crânio, nada mais vi em minha consciência senão padre Venâncio, clamando vingança ou pedindo socorro à Bondade Divina.

Minha irmã informou que sofrera um delíquio e que o sacerdote a assistia, bondoso, quando caiu em sangue no chão...

E, apavorada, breve conheceu a loucura, expirando, inconsciente, numa casa religiosa no Recife.

O tempo impôs-me igualmente a morte e, quando a morte veio, sinistra situação foi a recompensa da Lei à minha imensa culpa.

Cercaram-me entidades satânicas, acusando-me pelo crime de que somente eu mesmo guardava notícia, porque o assassínio do apóstolo ficou envolvido em plena sombra.

Gênios bestializados conheciam-me a torva história, atirando-ma em rosto com segura exatidão de minúcias.

Suportei remoques e sarcasmos sem que me valessem rogativas de comiseração.

Fui batido, escarnecido, humilhado e metido a ferros num presídio da pior espécie, porquanto, desencarnado, na espessa materialização de meus sentimentos, o cárcere funcionou para mim como se eu estivesse ainda entre homens comuns.

Seviciado por numerosas flagelações, depois de muito tempo recorri à Providência de Deus, pela oração regada de lágrimas, e piedosos braços me libertaram, conduzindo-me à escola regeneradora de que eu tinha premente necessidade.

Triste a posição daquele que, embora favorecido pela brisa do socorro celeste, sente dentro de si mesmo o ferrete do crime perpetrado, porque, por mais me felicitassem as bênçãos dos instrutores que me aconchegavam de encontro ao seio, quanto mais luz brilhava em torno de minh'alma e quanto mais entendimento se me descerrava no cérebro, mais me doía a chaga íntima do remorso.

Conduzido às organizações espíritas nascentes, no século que passou, procurei trabalhar com aqueles que se consagravam à causa do Evangelho entre as criaturas, aspirando a volta à carne e, com o amparo de muitos benfeitores, consegui regressar...

Renasci num lar correto.

O arrependimento criara em mim tendências nobres.

Tive uma meninice e uma juventude preservadas com esmero, assimilando a educação que me transformou num médico digno e consciente.

Podereis imaginar quanta esperança me palpitava no espírito, sentindo os deslumbramentos da Revelação Divina, aliados aos conceitos científicos de minhas próprias observações.

Casei-me...

E porque minha esposa não pudesse receber a alegria da maternidade, ela e eu concordamos em adotar uma criança de sangue alheio.

Improvisamos um berço, e uma doce menina, filha de pais anônimos, mas naturalmente enviada pela Bondade do Céu aos nossos anseios, adornou-nos os braços.

Entretanto, quando a nossa Maria Helena mal completara 7 anos, minha esposa partiu, deixando-me inconsolável.

Não consegui acomodar-me às segundas núpcias, embora as requisições dos amigos e não obstante reconhecesse, eu mesmo, a minha necessidade de recomposição da existência.

Entre a saudade da esposa que demandara o sepulcro e o carinho da filha com que o Senhor nos presenteara, dediquei-me à tarefa cristã propriamente considerada.

O templo espírita era, em verdade, o meu segundo lar...

Os doentes, os necessitados e os aflitos eram os irmãos de minha alma...

Contudo, Maria Helena, jovem e bela, ao meu lado, despertava em muita gente malignas ideias com respeito à minha conduta.

Ninguém acreditava na respeitabilidade de meu paternal afeto.

E, por isso, em se aproximando do nobre rapaz que lhe cativara os sonhos femininos, foi ele assaltado de cartas anônimas, de observações ingratas e de apontamentos caluniosos com alusão à filha abençoada que o Senhor conservava em meu caminho.

Em razão disso, Antônio, esse o nome do rapaz, casou-se de coração amargurado, mais para desincumbir-se da palavra empenhada do que por acreditar na felicidade que ele sentia impossível, de vez que não encontrava argumentos para arredar-me da velha casa que lhes ofereci com largueza de confiança.

A maledicência continuou fiando envenenadas teias ao redor de nossa vida, e depois de dois anos, sem que eu pudesse prever o que se passava no íntimo do genro indireto que o Senhor me havia concedido, Antônio viaja, sem determinação de regresso.

Finda uma semana, certa noite chuvosa e úmida, com a nossa residência mal-iluminada, ouço minha filha chamar-me.

Estava febril, doente...

O relógio marcava os primeiros minutos da madrugada.

Ergui-me, rápido, e fui atendê-la.

Pediu-me uma oração, rogou-me um passe, e, quando me entregava ao piedoso mister do auxílio espiritual, eis que o esposo de Maria Helena penetra a casa violentamente, observa as minhas mãos sobre aquele corpo que me era sagrado e, sem qualquer vacilação, descarrega sobre mim o revólver, insensível, interrompendo-me a alegria da tarefa evangelizante.

Nada mais preciso acrescentar acerca da provação que permaneceu no campo de nossa fé, como dolorosa pergunta no espírito de todos os companheiros:

Por quê?... Por quê?... Por quê?...

Entretanto, o tempo aguarda-nos a todos e o tempo responderá a cada uma de nossas indagações.

Contudo, para que a serenidade beneficie os corações arrebanhados sob nosso estandarte de esperança, trago-vos minha dolorosa experiência, salientando o nosso dever de acatar a vontade do Senhor, em todos os lances de nossa vida, porque o Senhor, amparando-nos a redenção, determina também que a Lei se cumpra, ensinando-nos que para todos nós, os Espíritos culpados, não há bem-aventurança do Amor sem correção da Justiça.

J. L.

64
NO TRATO COM OS SOFREDORES

Reunião da noite de 20 de setembro de 1956.

Para reconforto da nossa equipe de trabalho, quem compareceu no horário dedicado às instruções foi o nosso amigo espiritual Efigênio S. Vítor, que prelecionou, com felicidade e segurança, quanto ao impositivo da fraternidade cristã no trato com os Espíritos sofredores.

Nossos modestos apontamentos desta noite objetivam acordar-nos a atenção para a responsabilidade no trato com os desencarnados sofredores, transviados em treva e perturbação.

É imprescindível aplicar a psicologia cristã em todas as fases do intercâmbio.

Em várias circunstâncias, essas entidades jazem extremamente ligadas aos nossos corações.

O obsessor muita vez será o companheiro enternecidamente querido à nossa alma e que se nos distanciou do caminho. Será um pai muito amado que nos partilhou a luta em passado próximo... Será uma criatura jungida a nós outros, por meio de vínculos preciosos que o pretérito nos restitui...

A amnésia temporária, que nos é imposta durante a reencarnação, à maneira de supremo recurso da Lei Divina para acomodar-nos a mente enfermiça à extirpação dos males profundos que nos atormentam a alma, não nos exime da cortesia e do respeito para com os seres que nos compartilham a sorte.

Daí procede o imperativo de muito carinho, prudência e ponderação na abordagem das mentes desequilibradas que nos visitam.

A sessão mediúnica para socorro a desencarnados padecentes pode ser comparada a uma clínica psiquiátrica, funcionando em nome da bondade de Nosso Senhor Jesus Cristo.

O doutrinador ou os doutrinadores são médicos e enfermeiros com obrigações muito graves para com os necessitados e pacientes que os procuram.

Não podemos esquecer que o desencarnado dessa condição, transportando imensos conflitos em si próprio, é assim como a pilha ressecada, com perda quase absoluta de potência elétrica, acolhendo-se numa pilha nova, carregada de energia — o médium a que se ajusta —, fazendo retinir a campainha das manifestações sensoriais, de modo a reequilibrar-se com a eficiência possível.

O médico sensato, frente ao enfermo que lhe pede auxílio, decerto não entrará em pormenorizadas indagações quanto a deslizes que terá ele cometido, por infortúnio da própria situação.

Não usará franqueza destrutiva.

Saberá dosar a verdade, veiculando-a por meio da água viva do amor, suscetível de regenerar os tecidos lesados por moléstias indefiníveis.

Invocará a essência do socorro divino, que palpita em toda a natureza, estimulando-lhe, assim, a confiança.

Situá-lo-á no otimismo, na alegria e na esperança, a fim de que o poder curativo do Criador em cada célula viva possa entrar em ação.

E o doutrinador, na assembleia mediúnica, é um agente da mesma espécie, atendendo a uma dupla de pacientes, que, no caso, vem a ser o desencarnado doente e o médium que o abriga, pois que qualquer golpe vibrado sobre a entidade comunicante percutirá, de modo imediato, sobre a organização perispirítica do instrumento em serviço.

É por essa razão que, muitas vezes, se o doutrinador não se precata contra semelhantes perigos, o medianeiro humano, não obstante amparado por benfeitores responsáveis, costuma retirar-se da tarefa assistencial predisposto a perturbações orgânicas, porquanto, entre a organização medianímica que auxilia e o doutrinador que esclarece, se entrosam elos sutis de força em torno do necessitado que está recolhendo o concurso de que precisa, a fim de refazer-se.

O desencarnado sofredor, no momento em que se comunica, permanece, dessa forma, temporariamente, quase que na posição de um filho espiritual das forças conjugadas do doutrinador e do médium.

Eis aí a razão por que devemos prezar com mais veemência a responsabilidade nos serviços desse teor.

Fazem-se indispensáveis a serenidade e a tolerância. E em qualquer fase mais complexa do esforço protecionista recordemos a oportunidade da prece como medicação inadiável para que a bênção de Mais Alto se registre na obra de solidariedade cristã que nos propomos efetuar.

Não nos esqueçamos, assim, de que na comunhão com as mentes torturadas, já libertas do vaso físico, é imprescindível aprendamos, com

Jesus, a servir com paciência e carinho, para que a nossa máquina de trabalho não se resseque por falta do combustível da humildade e do amor.

Efigênio S. Vítor

65
Em prece

Atingíramos a reunião da noite de 27 de setembro de 1956, marcada pelos nossos instrutores para fixar o término da segunda série de mensagens psicofônicas recolhidas em nosso grupo e destinadas à constituição do presente livro.

Outras tarefas chamar-nos-iam a atenção.

Aguardavam-nos outras atividades, outros setores.

Estávamos, por essa razão, intensamente emocionados quando Emmanuel, o nosso devotado orientador, tomou a palavra e orou comovidamente.

A sua prece tocante assinalava a conclusão das páginas faladas que integrariam o novo tomo de instruções obtidas em nosso santuário de serviço espiritual.

E foi por isso que, em se fazendo de novo o silêncio, tínhamos lágrimas nos olhos e todos dizíamos, por meio do verbo inarticulado, de coração alçado ao Céu: — Benfeitores da Luz Divina, Deus vos recompense a tolerância e a bondade!... Preces queridas de nosso templo, ficai conosco! Mensagens de amor e luz, ide ao mundo consolando e instruindo! Noites abençoadas, adeus! Adeus!...

Senhor Jesus.

Com a nossa jubilosa gratidão pela assistência de todos os minutos — humildes servos daqueles servidores que te sabem realmente servir —, aqui te ofertamos o nosso louvor singelo, a que se aliam as nossas súplicas incessantes.

No campo de atividade em que nos situas, por acréscimo de confiança e misericórdia, faze-nos sentir que todos os patrimônios da vida te pertecem, a fim de que a ilusão não nos ensombre o roteiro.

Mostra-nos, Senhor, que nada possuímos além das nossas necessidades de regeneração, para que aprendamos a cooperar contigo em nosso próprio favor.

E, na ação a que nos convocas, ilumina-nos o passo para que não estejamos distraídos.

Que a nossa humildade não seja orgulho.

Que o nosso amor não seja egoísmo.

Que a nossa fé não seja discórdia.

Que a nossa justiça não seja violência.

Que a nossa coragem não seja temeridade.

Que a nossa segurança não seja preguiça.

Que a nossa simplicidade não seja aparência.

Que a nossa caridade não seja interesse.

Que a nossa paz não seja frio enregelante.

Que a nossa verdade não seja fogo destruidor.

Em torno de nós, Mestre, alonga-se, infinito, o campo do bem, a tua gloriosa vinha de luz, em que te consagras com os homens, pelos homens e para os homens à construção do Reino de Deus.

Dá-nos o privilégio de lutar e sofrer em tua causa e ensina-nos a conquistar, pelo suor de cada dia, o dom da fidelidade, com o qual estejamos em comunhão contigo em todos os momentos de nossa vida.

Assim seja.

Emmanuel

Adenda

Qual aconteceu no lançamento do primeiro livro de mensagens psicofônicas obtidas no Grupo Meimei, pedimos vênia ao leitor para anexar ao presente volume o terceiro e o quarto boletins anuais de serviço da nossa equipe de ação, alusivos às nossas atividades no período de 31 de julho de 1954 a 30 de julho de 1956, tão somente por motivo de estudo.

Repetimos que os informes, em torno do aproveitamento das entidades sofredoras em nossa casa de fraternidade e oração, derivam-se do esclarecimento de nossos instrutores desencarnados, que assim procedem — afirmam eles —, não para que sejamos induzidos à preocupação de estatística em obra espirituais, mas sim com objetivos de alertamento e educação.

* * *

Boletim de Serviço Espiritual

GRUPO ESPÍRITA MEIMEI – III Ano

31-7-1954 a 31-7-1955

O Grupo realizou, durante o ano, 51 sessões práticas, com a seguinte estatística:

424 incorporações de Espíritos perturbadores e sofredores, referentes a 401 entidades e 23 reincidências.

Os 401 companheiros menos felizes, que compareceram às reuniões do Grupo, estão assim subdivididos:

51 irmãos ligados ao pretérito remoto e próximo de componentes da agremiação.

282 necessitados de assistência e orientação;

68 recém-desencarnados.

Os comunicantes foram catalogados na seguinte ordem:

17 casos de licantropia e suicídio;

151 casos de demência espiritual;

68 casos de choques por desencarnação;

26 manifestações de perseguidores da Doutrina Espírita;

1 caso de animismo;

138 casos de perturbações diversas.

De conformidade com os esclarecimentos dos mentores espirituais do Grupo, o aproveitamento das entidades que receberam assistência, no decurso do ano 1954-1955, foi o seguinte:

23 irmãos foram perfeitamente curados e renovados para o bem, salientando-se que 8 deles passaram a cooperar nos serviços da Instituição;

76 companheiros retiraram-se esclarecidos e melhorados;

98 entidades apresentaram melhoras reduzidas;

214 comunicantes foram considerados, por enquanto, impassíveis e impenitentes.

No decurso das sessões, foram efetuadas 206 incorporações de amigos e benfeitores espirituais, para serviços de cooperação e diretrizes, assim discriminados:

102 comunicações de instruções, avisos e preces, na abertura dos trabalhos;

50 interferências para concurso direto na solução dos casos difíceis de esclarecimento a companheiros necessitados;

54 preleções educativas no encerramento das reuniões.

Acerca do programa de serviço do Grupo Meimei, aqui transcrevemos alguns pensamentos de dois dos seus benfeitores espirituais, grafados em mensagens ditadas na Instituição:

> Movimenta-se o homem no centro de vasta farmácia no mundo. Aqui é a sulfa purificadora, ali é a radioatividade curativa, acolá é a insulina e o eletrochoque para o reequilíbrio nervoso, adiante, é o comprimido para a dor de cabeça, mais à frente, é o inalante para a desobstrução das vias respiratórias... Não olvides, contudo, o socorro à própria mente. Lembra-te de que os vivos da Terra e os vivos da Espiritualidade, impropriamente considerados "mortos", respiram nas faixas da influência mútua e estende o auxílio fraterno aos desencarnados que sofrem no Além, através da frase consoladora ou da migalha de sol da prece, na certeza de que, amanhã, serás igualmente conduzido ao cinzento portal da morte. – M. Queiroz

"A oração que nasce do amor é uma luz que a alma humana acende no mundo, estendendo irradiações e bênçãos que ninguém pode conhecer enquanto se demora no corpo de carne terrestre." – André Luiz

Pedro Leopoldo (MG), 1º de agosto de 1955.

Boletim de Serviço Espiritual

GRUPO ESPÍRITA MEIMEI – IV Ano

31-7-1955 a 30-7-1956

O Grupo realizou, durante o ano, 51 sessões práticas, com a seguinte cota de serviço:

445 manifestações psicofônicas de Espíritos perturbados e sofredores, totalizando 436 entidades e 9 reincidências.

Os 436 companheiros menos felizes, que compareceram às reuniões, estão assim subdivididos:

94 irmãos ligados ao passado próximo ou remoto de componentes da agremiação;

282 necessitados de assistência e orientação;

60 recém-desencarnados.

Os comunicantes foram assim catalogados na seguinte ordem:

7 casos de licantropia;

55 casos de demência espiritual;

60 casos de choques por desencarnação;

19 suicidas;

38 perseguidores da Doutrina Espírita;

257 casos de perturbações diversas.

De conformidade com os esclarecimentos dos mentores espirituais do grupo, o aproveitamento das entidades que receberam assistência, no transcurso do ano 1955-1956, foi o seguinte:

27 irmãos foram perfeitamente reajustados para o bem, salientando-se que 2 deles passaram a cooperar nos serviços da Instituição;

83 companheiros retiraram-se esclarecidos e melhorados;

104 entidades apresentaram melhoras reduzidas;

222 comunicantes foram considerados, por enquanto, impassíveis e indiferentes.

No decurso das sessões foram efetuadas 163 incorporações de amigos e benfeitores espirituais para serviços de colaboração e diretrizes, assim discriminadas:

92 comunicações de instruções, avisos e preces, na abertura das tarefas espirituais;

15 interferências para concurso direto na solução de processos difíceis de esclarecimento a companheiros necessitados;

56 preleções educativas no encerramento das reuniões.

Com referência ao programa de serviço do grupo, aqui transcrevemos alguns pensamentos de dois dos seus benfeitores espirituais, grafados em mensagens ditadas na Instituição:

> Não olvides, sim, a caridade que alimenta os famintos e veste os nus, que socorre os doentes e alivia os necessitados da paisagem humana; contudo, não te esqueças da caridade que consola a alma enfermiça, encarnada ou desencarnada, esclarecendo-a e renovando-a para a glória do bem, porque somente por meio da bênção do amor no coração e na consciência, é que conseguiremos com o Senhor a extinção da treva e a vitória da luz. – Pedro da Rocha Costa

Ajuda hoje a alma em sombra

Que te procura a sofrer.

Amanhã será teu dia

De rogar e receber.

Casimiro Cunha

Pedro Leopoldo (MG), 1º de agosto de 1956.

Nótulas do organizador

Apontamentos do organizador, alusivos aos Espíritos cujas manifestações psicofônicas estão enfeixadas neste livro:

A. C. — Espírito amigo não identificado 239

A. FERREIRA — Amigo espiritual não identificado 175

ALBERTO SEABRA (Dr.) — Distinto médico, escritor e espiritualista, desencarnado em São Paulo 23

ALEXANDRE JOSÉ DE MELO MORAIS — Grande historiador brasileiro. Espiritista. Nasceu em Alagoas em 1816 e desencarnou em 1882 121

AMADEU AMARAL — Laureado poeta paulista 282

AMARAL ORNELLAS (Adolfo Oscar do) — Médium, dramaturgo e poeta de grande merecimento, desencarnado em 1923 145

ANÁLIA FRANCO — Inesquecível missionária do Espiritismo no estado de São Paulo, cuja existência foi um hino à caridade cristã 221

ANDRÉ LUIZ — Pseudônimo de um médico brasileiro. Autor de vários livros de Espiritismo Cristão .... 59, 85, 141, 147 e 197

ANTERO DE QUENTAL — Notável poeta português, desencarnado em Portugal, no século passado [XIX] 129

ANTÔNIO CARDOSO — Espiritualista de grande mérito. Desencarnado no Rio de Janeiro 293

ANTÔNIO LUIZ SAYÃO — Valoroso pioneiro do Espiritismo no Brasil. Desencarnado no Rio de Janeiro em 31 março de 1903 13

ANTÔNIO NOBRE — Notável poeta luso de fina sensibilidade, desencarnado em Portugal 291

ANTÔNIO SAMPAIO JÚNIOR — Valoroso espírita militante. Residia no Rio de Janeiro, mas era membro efetivo do Grupo Meimei. Desencarnado em 1955 187

AUGUSTO DOS ANJOS — Grande poeta brasileiro. Nasceu no estado da Paraíba e desencarnou no estado de Minas Gerais.................... 99

BATUÍRA (Antônio Gonçalves) — Inolvidável apóstolo do Espiritismo, desencarnado em São Paulo.................... 41

CAIRBAR SCHUTEL — Abnegado apóstolo da causa espírita. Evangelizador e escritor, desencarnado em Matão, estado de São Paulo 69

CARLOS GOIANO — Espírita militante, desencarnado no estado de Minas Gerais 231

CÁRMEN CINIRA (Pseudônimo de Cinira do Carmo Bordini Cardoso) — Poetisa de grande sensibilidade, desencarnada em 1933.................... 127

CASIMIRO CUNHA — Grande poeta fluminense, nascido na cidade de Vassouras e valoroso companheiro da causa espírita....................269

CERINTO — Amigo espiritual não identificado ....111 e 195

DIAS DA CRUZ (Dr. Francisco de Menezes) — Médico, presidente da FEB, de 1889 a 1895, desencarnado em1937 ....77 e 107

EFIGÊNIO S. VÍTOR (Dr.) — Espírita militante e extremamente dedicado à causa do Evangelho. Desencarnado em Belo Horizonte (MG), em 1953 ....217, 257 e 305

EMMANUEL — Instrutor espiritual, autor de vários livros de Espiritismo ....95, 125, 139, 249 e 309

F. CUNHA — Amigo espiritual não identificado 157

F. LABOURIAU (Dr.) — Distinto professor. Desencarnado no Rio de Janeiro ....45 e 73

F. PURITA — Denodado lidador da tarefa espírita que viveu alguns anos no estado de Minas Gerais 275

FRANCISCA JÚLIA DA SILVA — Notável poetisa brasileira. Desencarnada no estado de São Paulo 86

G. — Grande político e emérito administrador, desencarnado em Minas Gerais, cuja identificação é compreensivelmente suprimida 27

HILDA — Irmã espiritual não identificada 181

INÁCIO BITTENCOURT — Apóstolo do Espiritismo no Brasil. Jornalista. Médium curador. Desencarnado no Rio de Janeiro 103

IRMÃO X — Ilustrado cronista e primoroso escritor brasileiro que se oculta sob o pseudônimo de Irmão X em suas edificantes mensagens do Além. Desencarnado no Rio de Janeiro em 1934 261

J. C. — Médium de efeitos físicos, desencarnado no Rio de Janeiro, cuja identidade é naturalmente suprimida....265

J. L. — Espírito amigo não identificado....297

JOAQUIM ARCOVERDE DE ALBUQUERQUE CAVALCANTI — Grande prelado da Igreja Católica. Foi Cardeal no Rio de Janeiro. Desencarnado em 1930 35

JOAQUIM DIAS — Amigo espiritual não identificado....133

JOSEFINA — Entidade amiga não identificada 185

JOSÉ INÁCIO SILVEIRA DA MOTA — Eminente político brasileiro, nascido em Meia-Ponte, estado de Goiás, em 1807, e desencarnado no Rio de Janeiro, em 1893. Foi ardoroso abolicionista.... 49

JOSÉ XAVIER — Devotado companheiro da seara espírita, no Centro Espírita Luiz Gonzaga, em Pedro Leopoldo, desencarnado em 1939 .... 205, 253 e 279

LEÔNCIO CORREIA — Notável poeta e escritor brasileiro. Nasceu no estado do Paraná e desencarnou no Rio de Janeiro 17

L. ESTEVES — Sacerdote católico em terra paulista. Poeta de vasto merecimento. Desencarnado no estado de São Paulo 255

LUÍS ALVES — Amigo espiritual não identificado 115

MARIA DA CONCEIÇÃO — Foi humilde irmã doente e paralítica, muda, surda e quase cega, conhecida pessoal de alguns dos componentes do Grupo Meimei 19

MEIMEI — Pseudônimo de D. Irma de Castro Rocha. Companheira espiritual do Grupo Meimei, em Pedro Leopoldo (MG). Desencarnada em 1946 .... 81 e 235

M. SILVA — Amigo espiritual não identificado 89

MÚCIO TEIXERA — Admirado prosador e poeta brasileiro. Espiritualista 39

P. BRANDÃO — Amigo espiritual não identificado 63

P. COMANDUCCI — Médium e espírita militante, desencarnado na capital de Minas Gerais 151

PEDRO DA ROCHA COSTA — Abnegado lidador da causa espírita, desencarnado em Cachoeiro do Itapemirim, estado do Espírito Santo 201

RAIMUNDO TEIXERA — Espírito amigo não identificado 211

R. S. — Entidade espiritual não identificada 165

SEBASTIANA PIRES — Entidade amiga não identificada 223

VALÉRIA — Entidade amiga não identificada 53

VOZES DO GRANDE ALÉM

EDIÇÃO	IMPRESSÃO	ANO	TIRAGEM	FORMATO
1	1	1957	15.034	12,5x17,5
2	1	1974	10.200	12,5x17,5
3	1	1982	10.200	12,5x17,5
4	1	1990	15.000	12,5x17,5
5	1	2003	3.000	12,5x17,5
6	1	2011	3.000	14X21
6	1	2013	5.000	16X23
6	POD*	2021	POD	16x23
6	3	2022	50	16x23
6	IPT**	2022	200	15,5x23
6	IPT	2023	IPT	15,5x23
6	IPT	2023	200	15,5x23
6	IPT	2024	250	15,5x23
6	IPT	2024	280	15,5x23

*Impressão por demanda

**Impressão pequenas tiragens

FEB editora
Livro espírita para um novo mundo
www.febeditora.com.br
@febeditoraoficial
@febeditora

Produção Editorial:
Elizabete de Jesus Moreira

Revisão:
Ana Luiza de Jesus Miranda
Davi Miranda

Capa:
Luisa Jannuzzi Fonseca

Projeto Gráfico e Diagramação:
Rones José Silvano de Lima – instagram.com/bookebooks_designer

Foto de Capa:
www.shutterstock.com | Tomer Turjeman

Normalização Técnica:
Biblioteca de Obras Raras e Documentos Patrimoniais do Livro

Esta edição foi impressa no sistema de Impressão pequenas tiragens, em formato fechado de 155 x 230 mm e com mancha de 120 x 185 mm. Os papéis utilizados foram o Off white 80 g/m² para o miolo e o Cartão 250 g/m² para a capa. O texto principal foi composto em fonte Minion Pro 11,5/15,5 e os títulos em Filosofia Grand Caps 28/30. Impresso no Brasil. *Presita en Brazilo.*